V&R

Christine Ettrich

Konzentrations-trainings-Programm für Kinder
I: Vorschulalter

2., durchgesehene Auflage

Vandenhoeck & Ruprecht

Bibliografische Information Der Deutschen Bibliothek

Die Deutsche Bibliothek verzeichnet diese Publikation in der
Deutschen Nationalbibliografie; detaillierte bibliografische Daten
sind im Internet über <http://dnb.ddb.de> abrufbar.

ISBN 3-525-45807-X

© 2004, 1998 Vandenhoeck & Ruprecht in Göttingen.
Internet: www.vandenhoeck-ruprecht.de
Alle Rechte vorbehalten. Das Werk und seine Teile
sind urheberrechtlich geschützt. Jede Verwertung in anderen
als den gesetzlich zugelassenen Fällen bedarf der vorherigen
schriftlichen Einwilligung des Verlages. Hinweis zu § 52a UrhG:
Weder das Werk noch seine Teile dürfen ohne vorherige
schriftliche Einwilligung des Verlages öffentlich
zugänglich gemacht werden. Dies gilt auch bei
einer entsprechenden Nutzung für Lehr- und
Unterrichtszwecke.
Printed in Germany.
Satz: Text & Form, Garbsen.
Druck und Bindung: CPI BuchBücher.de, Birkach

Inhalt

Vorwort 7

Zum Entwicklungsstand fünf- und sechsjähriger
Vorschulkinder _____ 11
Allgemeine Entwicklung 11
Motorische Entwicklung 12
Kognitive Entwicklung 13
   Entwicklung von Denken und Sprache 13
   Entwicklung von Aufmerksamkeit und
   Konzentration 14
Emotionale Entwicklung 17
Entwicklung des Sozialverhaltens 17

Konzentration und Konzentrationsstörungen _____ 19
Was ist Konzentration? 19
Was versteht man unter Konzentrationsstörungen? 21
Häufigkeit des Auftretens von Konzentrationsstörungen 23
Ursachen von Konzentrationsstörungen 23
   Hirnorganische und hirnphysiologische Konzepte 23
   Genetische Ursachen 24
   Allergologische Konzepte 24
   Neurotische Leistungshemmungen 25
   Soziale Faktoren 26
   Zusammenfassung 27

Das Erscheinungsbild des konzentrationsgestörten
Kindes und die Diagnostik von Konzentrations-
störungen 29
Erscheinungsbild 29
Zur Diagnostik von Konzentrationsstörungen 31

Konzentration und Hyperkinetisches Syndrom 47
Was versteht man unter dem Hyperkinetischen Syndrom? 48
Wie äußert sich das Hyperkinetische Syndrom? 49
Woher kommt das Hyperkinetische Syndrom? 49
Diagnostik des Hyperkinetischen Syndroms 50
 Wie wird die Diagnose gestellt? 50
 Wann wird die Diagnose gestellt? 51
Therapeutische Möglichkeiten des Hyperkinetischen
Syndroms 52
Verlauf und Prognose 52

Konzentration und Schulerfolg 55

Therapie von Konzentrationsstörungen 57
Trends in der Psychotherapie von Konzentrations-
störungen 57
Kombination von Behandlungsansätzen 61

Aufbau des KTP im Vorschulalter 69

Therapeutische Prinzipien 74
Grundsätzliches 74
Ergänzende Hinweise 81
Durchführung des Trainingsprogramms für
Vorschulkinder 87

Trainingsaufgaben und Durchführungsanleitung 91

Erfahrungen mit diesem Programm 143

Literatur 150

Vorwort

Universität Leipzig
Fachbereich Psychologie

Wilhelm Wundt

Tieckstraße 2
04275 Leipzig

Betrifft: Konzentrationstrainings-Programm

Sehr geehrter Herr Wundt,

ich möchte Sie bitten, mir das „Konzentrations-trainings-Programm für Kinder von 6-10 Jahren" zuzuschicken. Seit geraumer Zeit bin ich Beratungslehrer ▬▬▬▬▬▬▬▬▬ Den Hinweis auf das Programm und Ihre Adresse erhielt ich durch den Schulpsychologen.

Vielen Dank für Ihr Bemühen.

Mit freundlichem Gruß

▬▬▬▬

Liebe Nutzer dieses Programms,

nachdem neben vielfach geäußerten Wünschen nach einer Wiederauflage des Konzentrationstrainings-Programms nun auch noch der oben abgedruckte Brief, adressiert an den vor mehr als 70 Jahren verstorbenen Begründer der akademischen

Psychologie, WILHELM WUNDT, die Autoren erreichte, hielten diese doch die Zeit für gekommen, sich um eine Neuauflage zu bemühen.

Die Autorin dieser Auflage bedankt sich bei den Mitarbeitern der ersten und zweiten Ausgabe HARALD BARCHMANN, KLAUS UDO ETTRICH, WOLFRAM KINZE und KONRAD RESCHKE für das in sie gesetzte Vertrauen, glaubt dies aber dadurch rechtfertigen zu können, dass sie in den vergangenen Jahren die beiden Programme für das Grundschulalter (1. und 2. Klasse, 3. und 4. Klasse) einer gründlichen Überarbeitung und erneuten Praxiskontrolle sowie wissenschaftlichen Evaluation unterzogen hat und gleichzeitig erste Vorschläge für ein Konzentrationstrainings-Programm für das Vorschulalter bis hin zu einem fertigen Programm bearbeitete und sowohl praktisch als auch wissenschaftlich kontrolliert erprobte.

Das Konzentrationstrainings-Programm in seinen drei altersgestaffelten Teilen soll all denen eine Hilfe sein, die beruflich und privat mit konzentrationsauffälligen Kindern zu tun haben, also Klinische und Pädagogische Psychologen, Schulpsychologen, Beratungslehrer, Vorschulpädagogen, Ärzte (besonders Kinderärzte und Kinder- und Jugendpsychiater), aber natürlich auch Eltern, die die Entwicklung ihres Kindes fördern wollen.

Gedankt sei an dieser Stelle den vielen kleinen Patienten, die seit Mitte der achtziger Jahre von unserem Konzentrationstrainings-Programm Hilfe bekamen und von denen wir lernen konnten, wie wir ihnen effektiv zur Seite stehen können.

Gedankt sei meinen Diplomanden und Doktoranden, die sich in ihren wissenschaftlichen Arbeiten sowohl mit theoretischen Konzepten von Konzentration und Konzentrationsstörungen als auch mit der praktischen Anwendbarkeit der drei Varianten des Konzentrationstrainings-Programms beschäftigten. Gedankt sei allen Eltern, die ihre Kinder an der Erprobung des Konzentrationstrainings-Programms für Vorschulkinder teilnehmen ließen und den Kindern, die auf diese Weise in jeweils 20 Trainingseinheiten meist recht lustvoll »Schule spielten«.

Und damit ist das Stichwort gegeben für das, was das vorliegende Konzentrationstrainings-Programm auch und vor allem will: Es will durch Verbesserung der konzentrativen Fähigkeiten und damit der Leistungsfähigkeit die Kinder in erster Linie dazu befähigen, die eigenen Ressourcen sinnvoll einzusetzen und durch Aneignung eines effektiven Arbeitsstils Vertrauen in das eigene Vermögen zu gewinnen, selbst und fremd gestellte Aufgaben auf lustvolle Weise zu bewältigen.

Insofern kann und will dieses Programm mehr sein als ein Trainingsprogramm konzentrativer Fähigkeiten, es kann über den Weg der lustbetonten Aufgabenhaltung zu einem Baustein für die gesunde Entwicklung unserer Kinder werden.

In gleicher Ausführung liegen vor:

> Konzentrationstrainings-Programm für Kinder,
> II: 1. und 2. Schulklasse

> Konzentrationstrainings-Programm für Kinder,
> III: 3. und 4. Schulklasse

Nichts ist so vollkommen, als dass es nicht verbessert werden könnte: Über Rückmeldungen, ergänzende Ideen, persönliche Erfahrungen mit dem Programm würde ich mich im Interesse der Kinder, die unserer Hilfe bedürfen, sehr freuen.

Ich wünsche allen Kindern und »Trainern« viel Freude mit diesem Programm.

CHRISTINE ETTRICH

Zum Entwicklungsstand fünf- und sechsjähriger Vorschulkinder

Allgemeine Entwicklung

Im folgenden wollen wir uns in einem kurzen Steckbrief den allgemeinen Entwicklungsstand eines fünf- bis sechsjährigen Vorschulkindes vergegenwärtigen, um dadurch besser die Kinder zu verstehen, die mit ihrem konzentrativen Verhalten Probleme haben.

Kinder dieser Altersstufe werden von Eltern und Erziehern besonders beachtet, weil diese Zeit in den Augen vieler der Vorbereitung der Kinder auf die schulischen Anforderungen gilt. An die Kinder werden nunmehr verstärkt Spiele herangetragen, die ihre »gezielte« Vorbereitung auf den »Ernst des Lebens« fördern sollen. Bei vielen Eltern erhebt sich dabei die Frage, ob das eigene Kind altersgerecht entwickelt ist. Dabei kann es bei aller Wertschätzung der elterlichen Bemühungen oder der Bemühungen von Kindereinrichtungen sehr leicht zu Überforderungen des einzelnen Kindes kommen, weil die Spielbreite der gesunden psycho-physischen Entwicklung der Kinder dieser Altersstufe nicht berücksichtigt wird. Wir wollen deshalb einen kurzen Überblick über das Leistungs- und Verhaltensspektrum fünf- bis sechsjähriger Kinder voranstellen.

Fünf- bis sechsjährige Mädchen und Jungen befinden sich am Ende der Kleinkindperiode. Ihre Körperformen beginnen sich zu verändern. Dies zeigt sich vor allem in einer Zunahme des Längenwachstums von Armen und Beinen. Der Rumpf verliert seine walzenförmige Form. Die Andeutung einer Taille beginnt. In der Fachliteratur spricht man vom ersten Gestaltwandel. Sein deutlichstes Zeichen ist neben den schon genannten Veränderungen die Dentition. Die Milchzähne beginnen auszufallen und werden durch das bleibende Gebiss ersetzt.

Die selbstständige Kontrolle der Ausscheidungsfunktionen durch das Kind ist ein weiterer Entwicklungsmarker dieser Altersstufe. Mit fünf Jahren beherrschen mehr als 90 % der Kinder sicher die Entleerung von Stuhl und Harn. Kinder, die hier noch Probleme haben, sollten einem Kinderarzt oder einem Kinderpsychologen zur Behandlung vorgestellt werden, damit dieses Problem möglichst noch bis zum Schulbeginn erfolgreich behandelt werden kann. Ein Zuwarten, also die Hoffnung, dass die Kinder die mangelnde Kontrolle der Blasenfunktion (Enuresis) oder unkontrollierte Entleerung des Stuhles (Enkopresis) von sich aus »in den Griff bekommen«, ist meist trügerisch, weil die Ursachen dieser Störungen sehr vielfältig sind und nur eine gezielte Diagnostik und eine am Untersuchungsergebnis orientierte Therapie hier effizient helfen können.

Motorische Entwicklung

Auch im motorischen Bereich ergeben sich deutliche Veränderungen und Leistungszuwächse, die auf Reifungsvorgänge im Zentralnervensystem verweisen. Vor allem die Grobmotorik wird jetzt schon gut beherrscht. Unterschiedliche Gangarten (Hacken-Zehen-Gang, Zehen-Gang, Hacken-Gang) können von den Kindern ohne Schwierigkeiten und mit unterschiedlichem Tempo ausgeführt werden. Die Kinder verfügen über eine gute Kontrolle des Rumpfgleichgewichts, sie können die Balance ihres Körpers mit offenen und geschlossenen Augen kontrollieren, es fällt ihnen beispielsweise nicht schwer, kurze Zeit auf einem Bein zu stehen. Auch die Extremitätenkontrolle zeigt gegenüber den ersten vier Lebensjahren deutliche Fortschritte. Wir können dies beim Werfen und Fangen von Bällen mit den Händen und dem Stoßen nach Bällen mit den Füßen beobachten. Innerhalb der Gruppe der fünf- bis sechsjährigen Kinder gibt es jedoch noch sehr große Unterschiede in der Feinmotorik (Finger-Hand-Arm-Auge-Koordination). Diese Unterschiede lassen sich vor allem beim Zeichnen, Malen, Basteln und Bauen feststellen. Altersgerecht entwickelte Kinder malen einen Menschen, der alle wichtigen Körperteile aufweist. Hinsichtlich Proportionen, Detailgestaltung, Strichführung gibt es aber von Kind zu Kind erhebliche Unterschiede. Insbesondere beim Zeichnen von Rundungen, Bögen, Schlingen werden Entwicklungsunterschiede bei diesen Fähigkeiten deutlich. Achtet man ferner auf Zielsicherheit, Geschmeidigkeit und Adäquanz der Bewegungen, so hat etwa jedes zweite fünfjährige und jedes vierte sechsjährige Kind in diesem Bereich noch Probleme. Die deutlichen Veränderungen innerhalb eines Jahres lassen erkennen, dass es sich um einen sehr entwicklungsintensiven Bereich der Motorik handelt. Mädchen sind bezüglich der Feinmotorik im Allgemeinen etwas besser als Jungen entwickelt. Das wird auf die unterschiedlichen geschlechtsspezifischen Reifungsvorgänge und spezifische Sozialisationserfahrungen von Mädchen und Jungen zurückgeführt (ETTRICH und ETTRICH 1991). Im Hinblick auf schulische Leistungsanforderungen (insbesondere Schreiben und Lesen) ist die Beachtung feinmotorischer Fähigkeiten von großer Bedeutung.

Kognitive Entwicklung

Entwicklung von Denken und Sprache

Die Entwicklung der intellektuellen Fähigkeiten, also Denken und Sprache, finden bei der Beurteilung des Entwicklungsstatus eines Kindes vielfältige Beachtung. Leider wird dieser Bereich häufig sogar überbewertet und die anderen Bereiche (motorische, soziale und emotionale Entwicklung) nicht hinreichend berücksichtigt. Denkoperationen und Problemlösungen sind in dieser Altersstufe anschauungsgebunden. Die Kinder suchen nach Ursachen und Erklärungen (Warum-Fragen) beobachteter Vorgänge in ihrer Umwelt, wobei – zur eigenen Stellungnahme aufgefordert – deutlich wird, dass sowohl tautologische Erklärungen (Zirkelschlüsse), eine kognitiv-egozentrische Sichtweise (Bewertungen aus subjektiver Sicht) als auch animistische Vorstellungen (Belebtheit der Welt, der Dinge) vorzufinden sind. Neben diesen Besonderheiten des Denkens gibt es aber auch eine Reihe einfacher Indikatoren, mit denen wir den intellektuellen Entwicklungsstand eines Kindes ausreichend sicher beurteilen können. Hier wären zu nennen: das zusammenhängende Erzählen eines Erlebnisses, die eigenständige Wiedergabe von Märchen und Gute-Nacht-Geschichten, die Kenntnis von Ordinal- und Kardinalzahlen im Bereich bis 5 oder 10 und das Ausführen von Mengenvergleichen (weniger/mehr) sowie das Zusammenfügen und Abziehen von Mengen auf anschaulicher Grundlage. Der Satzaufbau sollte im Wesentlichen grammatikalisch richtig sein und die Aussprache (Lautbildung) ohne Fehler. Gibt es im Bereich der Lautbildung Probleme, sollte bei fünf- bis sechsjährigen Kindern unbedingt ein Logopäde in die Betreuung des Kindes einbezogen werden.

Die Kinder können Formen sicher differenzieren (groß und klein, dick und dünn, rund und spitz/eckig). Dies gilt auch für Flächen (z. B. Kreis, Dreieck, Viereck). Kinder im fünften bis sechsten Lebensjahr sind in der Lage, Objekte nach verschiedenen Kriterien zu ordnen, etwa nach Länge, Größe, Farbe.

Die Kinder haben ferner grobe Zeitvorstellungen, wie früher, später, heute, morgen, gestern.

Entwicklung von Aufmerksamkeit und Konzentration

Fünfjährige Kinder sollten etwa 10 bis 15 Minuten und sechsjährige Kinder etwa 20 bis 25 Minuten an einer fremd gesetzten, wenig lustbetonten Aufgabe mit dem Ziel ihrer erfolgreichen (zielorientierten) Beendigung arbeiten können. Dem Kind sollte bewusst sein (bzw. sollte es ihm verdeutlicht werden), dass die zügige, möglichst fehlerfreie (-arme) Lösung von ihm, dem Einsatz seiner eigenen Fähigkeiten und des eigenen Willens abhängt. Kinder (wie auch Erwachsene) können nicht beständig ihre willkürliche Aufmerksamkeit auf einem hohen Niveau halten, weil das Sich-Konzentrieren erhöhte Anforderungen an die energetischen Ressourcen stellt. Diese sind von Kind zu Kind verschieden und hängen zudem auch vom Gesundheitszustand, der »Tagesform« und dem Zeitpunkt der Abforderung im Tagesverlauf ab. Die Entwicklung der Konzentrationsfähigkeit ist aus der Art und Weise der Auseinandersetzung des Kindes mit Objekten, mit Leistungsanforderungen zu erschließen. Wir können den Entwicklungsstand der konzentrativen Fähigkeiten beurteilen, indem wir beobachten, ob ein Kind seine Tätigkeit zu Ende bringt, es sein Handlungsziel dabei im Wesentlichen verwirklicht, ob es sorgfältig vorgeht und ob es bei sich ergebenden Schwierigkeiten auch »durchhalten« kann. Impulsivität im Denken und Handeln, unzureichende Sorgfalt in der Tätigkeitsausführung und mangelndes Durchhaltevermögen sind sehr frühe und sehr eindeutige Hinweise auf Schwierigkeiten im konzentrativen Verhalten.

ETTRICH (1991) weist darauf hin, dass willkürliche und unwillkürliche Aufmerksamkeit als zwei sich ständig abwechselnde und ergänzende Qualitäten aufzufassen sind, die sich während der kindlichen Entwicklung anteilmäßig verändern. Von einer bewussten Aufmerksamkeit im Sinn einer willensgestalteten Handlung ist erst dann zu sprechen, »wenn beim Kind die Fähigkeit zur Einsicht vorhanden ist, dass das Gelingen oder Misslingen einer Aufgabe vom Einsatz der eigenen Ressourcen abhängt, sodass die ... Effektfreude abgelöst wird durch die Reflexion über das Sich-verantwortlich-Erleben für die eigene Leistung«.

Die Verlängerung der Aufmerksamkeitsspanne, also des Zeitraums der willkürlichen Zuwendung zu einem Objekt oder einer Tätigkeit, wird von vielen Autoren als ein wesentliches Entwicklungsmerkmal der Konzentrationsfähigkeit betrachtet.

Bereits beim Säugling sind Anzeichen von Aufmerksamkeit (Blickzuwendung, verlangsamter Puls, verlangsamtes Saugen) als Reaktion auf starke Umweltreize zu erkennen. Das Kind entdeckt in diesem Alter bereits Eigenschaften, wiederkehrende Muster, Unterscheidungsmerkmale seiner Umwelt und kann (subjektiv) Unwesentliches ausfiltern. Ein aktives Interesse am Erkunden der Umwelt (Explorationsbedürfnis) kann als Ursache dieses Verhaltens angesehen werden.

Im Kleinkindalter treten die äußeren Reize in ihrer Bedeutung zurück. Kognitive Funktionen und das Gedächtnis steuern Aufmerksamkeitsvorgänge in zunehmendem Maße. Das Erkunden der Umwelt wandelt sich in eine aktive Suche. Vom Kleinkind- zum Vorschulalter steigt die Fähigkeit des Kindes, die eigene Aufmerksamkeit zu kontrollieren, irrelevante Informationen können immer besser ausgefiltert werden. Hiermit wird die Anpassung der Aufmerksamkeit an verschiedene Situationen, an Aufgaben und Probleme ermöglicht. Der Einsatz der Aufmerksamkeit lässt Planmäßigkeit erkennen, die Kinder können durch Instruktionen ihre Konzentration, etwa bei Suchaufgaben, lenken und bewusst Pläne verfolgen (WAGNER 1991).

Mit der Entwicklung der Aufmerksamkeit ändern sich auch kognitive Stilmerkmale. Das impulsive Reagieren, das von Umweltreizen und automatischen Reaktionen bestimmt ist, wird allmählich vom reflektierenden oder reflexiven Stil, der mehr von systematischem Denken und Aufgabenorientiertheit geprägt ist, abgelöst. Einfluss auf diese Entwicklung haben Einzelfaktoren, wie etwa Erwachsenenvorbild, Mutter-Kind-Interaktion, Geschwisterzahl oder der Erziehungsstil (BARCHMANN 1983).

Die Ausbildung der Konzentrationsfähigkeit kann durch zahlreiche Faktoren beeinträchtigt werden. Im ungünstigen Fall resultieren Konzentrationsstörungen. Drei Arten kognitiver Defizite, nämlich das Anwendungs-, das Produktions- und das Kompetenzdefizit, können ursächlich beteiligt sein.

Emotionale Entwicklung

Spielen mit anderen, Spielen nach Regeln gibt Aufschluss darüber, inwieweit Kinder ihre Emotionen steuern können, denn bei Regelspielen gibt es Gewinner, Beste, weniger Gute und Verlierer. Gewinn löst Freude aus, Verlust dagegen Ärger, Wut, Trauer. Im Allgemeinen sind kurzzeitige Verstimmungen die häufigste Reaktion auf vorausgehenden Misserfolg. Aber auch das Nichterreichen *eigener* Ziele oder der Wunscherfüllung können die gleichen negativen Emotionen auslösen. Eine hinreichende Kontrolle des Kindes über seine Emotionen ist gegeben, wenn es durch neue Tätigkeiten oder die Wahl adäquater Handlungsziele die negativ besetzten Zustände überwinden kann oder dies durch Zuspruch anderer Kinder, Eltern oder Erzieher gelingt.

Entwicklung des Sozialverhaltens

In der Einhaltung von Geboten, Forderungen und Normen im sozialen Bereich sind die Kinder vor allem am Erziehungsverhalten ihrer Eltern orientiert. Die Eltern sind für die Kinder die regulierende moralische Instanz. Von ihnen erfahrene Bewertungen von »gut« und »böse« sind für sie bindend und werden auch auf andere Bereiche der Objekt- und Sozialbeziehungen übertragen.

Im Bereich des Sozialverhaltens ist zu beobachten, dass Kinder dieser Altersgruppe gern mit anderen zusammen sind und etwas unternehmen, Rollen- und vor allem Regelspiele sind sehr beliebt. Diese Spiele sind, bezogen auf die Entwicklung eines Kindes, gute Anzeiger dafür, ob sich die Kinder in einer Gruppe funktionsgerecht ein- und unterordnen können, ob sie Spielideen haben und diese auch anderen Kindern nahe bringen können. Im Umgang mit anderen Kindern erleben sie auch das, was man als Rangordnung bezeichnet. Die Kinder erfahren, was sie gut und weniger gut können als andere Kinder. Diese erfahrenen Wettbewerbssituationen führen im Allgemeinen dazu, das eigene Wollen, die Leistungsmotivation zu fördern.

Das funktionsgerechte Sozialverhalten ist charakteristisch für diese Altersgruppe. Ist dieses Sozialverhalten gegeben, kann man davon ausgehen, dass die Kinder auch mit den sozialen Anforderungen der Schule gut zurechtkommen werden. Bedenklich sollte uns stimmen, wenn ein Kind nicht mit anderen Kindern spielt und spricht (oder gar den Kontakt zu Geschwistern, Vater oder Mutter meidet) oder es beständig mit anderen Kindern Streit hat. Die Ursachen solch auffälliger sozialer Verhaltensweisen sind vielfältig und die Hoffnung, dass das Kind es von sich aus schon noch lernen werde, mit anderen zusammen zu sein, zusammen zu spielen, zu lernen und zu arbeiten, ist oft trügerisch, sodass es bei solchen Problemen immer angeraten ist, fachlich versierte Hilfe in Anspruch zu nehmen.

Konzentration und Konzentrationsstörungen

Was ist Konzentration?

Über Konzentration, Konzentrationsfähigkeit und Konzentrationsstörungen gibt es umfangreiche Literatur, die vom Altertum bis in unsere Zeit reicht.

Häufig werden die Begriffe »Konzentration« und »Aufmerksamkeit« synonym verwendet. Im englischen Sprachgebrauch deckt der Begriff »attention« die Bedeutungen beider Begriffe ab.

Im deutschen Sprachraum gibt es jedoch immer wieder Versuche, das Spezifische beider Begriffe herauszuarbeiten. Im Wesentlichen wird dabei Konzentration als Steigerungsform der Aufmerksamkeit (vgl. RAPP 1982), als vom Willen gesteuerte Aufmerksamkeit, die willentliche Eingrenzung der Aufmerksamkeit auf ein bestimmtes Objekt (KNEHR u. KRÜGER 1976), die Einstellbarkeit auf fremd gesetzte Aufgaben, die sowohl den intellektuellen Voraussetzungen als auch den alterstypischen Besonderheiten des Kindes angepasst sind (DRUMMER 1994), betrachtet.

Auch aus Sicht der Autorin ist Konzentration eine Fähigkeit, die auf der Grundlage von Aufmerksamkeit das Bewusstsein eines Menschen in einem Brennpunkt sammeln kann. Voraussetzungen für die Möglichkeit zur Konzentration sind Antrieb, Motivation, Interesse, Ich-Entwicklung, energetische Voraussetzungen.

Die Aufmerksamkeit muss also auf ein bestimmtes Objekt fokussiert werden, sodass dieses Objekt (z. B. eine bestimmte Aufgabe) klar ins Blickfeld tritt. Zerstreutheit, Gedankenflucht und Abgleiten werden durch die Fähigkeit, sich zu konzentrieren, ausgeschaltet.

Was bedeutet das?

Jüngere Kinder tendieren dazu, sich stark von inneren und äußeren Reizen lenken, ja ablenken zu lassen. Im Verlauf der Entwicklung wird diese unwillkürliche Form der Aufmerksamkeit immer mehr zugunsten einer zielgerichteten, willkürlichen Aufmerksamkeit »umgebaut«. Diese wiederum ist die Voraussetzung dafür, sich zu einem bestimmten Zeitpunkt auf eine bestimmte Aufgabe einstellen zu können, und dies unter Ausblendung aller übrigen Reize.

Diese Haltung entsteht nicht aus der Lust am *Tun* (Lösen der Aufgabe), sondern vor allem aus der Lust auf oder am *Erfolg* (ich kann diese Aufgabe lösen, ich habe die Aufgabe gelöst!).

Maximale Konzentration ist energetisch aufwendig, daher müssen Konzentrations- und Entspannungsphasen einander abwechseln und dies in umso rascherer Folge, je jünger das Kind ist. Unser Gehirn arbeitet so, dass dies gewährleistet ist und schützt sich damit vor Überlastung.

Lehrer, Erzieher und Eltern sind gut beraten, wenn sie bei der Unterstützung zum konzentrativen Arbeiten diesen Grundsatz beherzigen und keine »Dauerkonzentration« erwarten, sondern Zeit zum Erholen gewähren. Diese Zeit wird besonders dann effektiv genutzt, wenn sie Zuwendung und Lob für die eben gelöste Aufgabe enthält (Bekräftigung des gezeigten Verhaltens) und gleichzeitig Motivation für die nächste Aufgabe aufbaut. Die Zahl und die Zeitdauer der auf diese Weise nacheinander zu lösenden Aufgaben steigt mit zunehmendem Lebensalter, ist aber insgesamt begrenzt und individuell unterschiedlich. Das heißt, auf eine bestimmte Zeit, in welcher konzentrative und entspannte Phasen in relativ rascher Folge wechselten, die Aufmerksamkeit aber auf ein bestimmtes Gebiet gerichtet blieb, muss eine Erholungsphase für die Aufmerksamkeit folgen, indem diese beispielsweise auf ein anderes Gebiet gelenkt oder eine Pause gemacht wird.

Jede erneute konzentrative Phase muss von diesem Ausgangs-Niveau wieder aufgebaut werden. Erwachsene haben gelernt, sich erneut zu motivieren und zu konzentrieren. Für Kinder ist eine Bezugsperson (Eltern, Kindergärtnerin, Lehrer), die hilft, eine erneute Konzentrationsphase einzuleiten und diese steuert, sehr wichtig.

Was versteht man unter Konzentrationsstörungen?

Ausgehend von den im vorhergehenden Abschnitt genannten Begriffsbestimmungen für Konzentration ist als Konzentrationsstörung per definitionem all das aufzufassen, was das beschriebene willkürliche Fokussieren auf ein bestimmtes Objekt, auf eine bestimmte Aufgabe bei gleichzeitiger Ausschaltung der bewussten Wahrnehmung aller Nebenreize verhindert.

BARCHMANN u. a. (1988) definieren Konzentrationsstörungen als »Leistungsminderung bei Aufgaben, die ein kontinuierliches Lösungsbemühen über einen längeren Zeitraum voraussetzen und dabei dem intellektuellen Leistungsvermögen des Kindes angepasst sind«.

Obgleich Aufmerksamkeits- und Konzentrationsstörungen im Vorschulalter eher toleriert werden als in der Schule und Leistungsdefizite noch nicht die entscheidende Rolle spielen, fallen doch charakteristische Merkmale in der Arbeitsweise und im Verhalten konzentrationsgestörter Kinder schon frühzeitig auf.

– Die *Arbeitsweise* zeigt folgende Abweichungen (WAGNER 1981): nachlässiges, fehlerhaftes und ungenaues Arbeiten, die Tätigkeiten (z. B. bestimmte Spiele, Aufgaben innerhalb der Gruppenarbeit u. a.) sind wenig planvoll und werden häufig nicht zu Ende gebracht, vorschnelle Problemlösungen werden gesucht, Instruktionen nicht beachtet oder vergessen, besonders nach längerer Beanspruchung zeigt sich ein starker Leistungsabfall und eine Fehlerzunahme.
– Im *Verhalten* ist eine nur geringe Kontinuität zu beobach-

ten, Handlungsabsichten werden nicht ernsthaft verfolgt, die Kinder erscheinen wie aufgezogen, sie sind unruhig, leicht ablenkbar und arbeiten wenig mit, häufig wird ihr Verhalten als aversiv erlebt, was zu Konflikten und Beziehungsstörungen führt (LAUTH und SCHLOTTKE 1995).

Konzentrationsstörungen können bei den unterschiedlichsten Krankheitsbildern und Fehlentwicklungsformen auftreten. Sie sind unter anderem ein Kardinalsymptom des gegenwärtig in Forschung und Praxis vielbeachteten Hyperkinetischen Syndroms, dem aus diesem Grund ein eigenes Kapitel (S. 47) gewidmet wird.

Häufigkeit des Auftretens von Konzentrationsstörungen

Angaben verschiedener Autoren machen deutlich, wie verbreitet das Phänomen der Konzentrationsstörung ist. So geht BUSEMANN (1959) von Konzentrationsstörungen bei 12–13 % der Normalschulkinder und bei 45 % der zur Erziehungsberatung vorgestellten Kinder aus. LÖWE (1964) beschreibt gar 38,5 % der Schüler der 2.– 8. Klasse als konzentrationsauffällig.

Nach Untersuchungen von BARCHMANN (1983) an 338 Normalschulkindern stellten sich 24 % als konzentrationsgestört heraus. In einer Lehrerbefragung von KOSSOW und VEHRESCHILD (1983) wurden 13–15 % der Schüler als konzentrationsgestört eingeschätzt. KUNZE (zit. nach BARCHMANN 1983) schildert in 75–80 % unbefriedigende konzentrative Leistungen bei versagenden Schulkindern.

ETTRICH (1989) geht von einem Anteil von 10 bis 15% kozentrationsauffälliger Kinder im Alter von 3 bis 6 Jahren aus.

Die unterschiedlichen Angaben zur Epidemiologie sind auf verschiedene Erfassungsmethoden (Tests, Befragungen), auf die Spezifik der Stichproben sowie unterschiedliche Beobachtungs- und Bewertungskriterien zurückzuführen.

Ursachen von Konzentrationsstörungen

Hirnorganische und hirnphysiologische Konzepte

Heute ist allgemein anerkannt, dass Konzentrationsstörungen durch prä-, peri- oder postnatale Hirnschädigung verursacht werden können. Über den Stellenwert dieser Faktoren gehen die Meinungen allerdings auseinander. GÖLLNITZ (1981) beschreibt Konzentrationsstörungen als Auswirkung der leichten frühkindlichen Hirnschädigung im Rahmen des von ihm so bezeichneten »Hirnorganischen Achsensyndroms«. LEMPP (1964) bezeichnet das resultierende Krankheitsbild als »Kindliches exogenes Psychosyndrom«. Das in den 70er Jahren häufig propagierte MCD-Konzept (Minimal Cerebral Dysfunction) mit Symptomen wie gesteigerte Reizoffenheit, Hyperkinese, Affektlabilität und Distanzminderung gilt heute als zu unspezifisch.

Bei der Beurteilung des Einflusses hirnorganischer Ursachen mangelt es bislang an dem Nachweis, welche zentralnervösen Funktionen beeinträchtigt sind. Diskutiert werden diencephale Dysfunktionen oder eine Imbalance von ZNS-Erregung und ZNS-Hemmung, besonders im Bereich des Frontalhirns.

Neurochemische Hypothesen (WENDER 1971) machen Störungen in der Metabolisierung biogener Amine verantwortlich, was zu einem Ungleichgewicht der Neurotransmitter führen soll. Hierdurch wiederum könnten Reizübertragungen in den Synapsen beeinflusst werden.

ZAMETKIN u. a. (1990) konnten einen signifikant eingeschränkten Glukosestoffwechsel in bestimmten Hirnarealen bei konzentrationsgestörten Patienten im Gegensatz zu Gesunden nachweisen. Die Stoffwechselstörung ist nach ZAMETKIN verantwortlich für eine Dysbalance erregender und hemmender Zentren im Gehirn.

Genetische Ursachen

Ein konkreter Vererbungsmechanismus konnte bislang nicht gefunden werden.

Allerdings räumen zahlreiche Autoren einer genetischen Komponente bei der Entstehung von Konzentrationsstörungen eine wesentliche Bedeutung ein. So leiden Eltern dieser Kinder und auch Verwandte zweiten Grades häufig unter solchen Störungen oder sie berichten von ähnlichen Störungen in ihrer Kindheit (MORRISON und STEWART 1971, CANTWELL 1975). Die Zwillingsforschung hat nachgewiesen, dass eineiige Zwillinge hinsichtlich ihres allgemeinen Aktivitätsniveaus stärkere Übereinstimmung zeigen als zweieiige (WILLERMANN 1973, GOODMAN und STEVENSON 1989). »Dabei erscheint es durchaus möglich, dass aus gleichen genetischen Wurzeln entwicklungstypische Symptomwandlungen hervorgehen. So werden genetische Beziehungen zwischen Hypermotorik im Kleinkindalter, Konzentrationsstörungen im Schulalter und Neigung zu Aggressivität und Alkoholmissbrauch im Erwachsenenalter angenommen« (LONEY 1980, zit. nach KINZE u. BARCHMANN 1990).

Allergologische Konzepte

Wie eingangs dargestellt, bedeutet Sichkonzentrieren die Fokussierung auf ein bestimmtes Objekt oder eine bestimmte Aufgabe bei Ausschaltung aller Nebenreize. Da im Kindesalter bei Allergien in der Hauptsache Haut und Schleimhäute betroffen sind, die mit ihren Symptomen die bewusste Einstellung auf fremd gesetzte Aufgaben erschweren, ist es nur zu verständlich, dass auch allergologische Gesichtspunkte für die Verursachung von Konzentrationsstörungen in Betracht gezogen werden müssen.

Die durch FEINGOLD (1975) begründeten Konzepte gehen von allergischen Reaktionen des Organismus auf Nahrungszusatzstoffe wie etwa Phosphate, Salicylate, künstliche Farbstoffe aus. Die Symptome sollen über die Freisetzung neuropeptidartiger Substanzen durch von Allergenen provozierte Enzymmängel oder immunologische Überreaktionen zustande kommen (FRÖLICH 1993). Die mit HAFER (1986) begonnene und in den vergangenen Jahren sehr kontrovers geführte Diskussion über die Möglichkeit der Phosphatintoxikation durch Nahrungsmittel mit ihren Auswirkungen auf den Noradrenalinstoffwechsel und dadurch ausgelöstes hyperaktives Verhalten sind heute weitgehend zum Abschluss gekommen. Andere Forscher gehen von der ursächlichen Bedeutung von Blei bei der Entstehung von hyperkinetischen und damit konzentrativen Störungen aus. WINNECKE u. a. (1989) wiesen nach, dass selbst bei mit niedrigen Bleikonzentrationen exponierten Kindern häufiger Aufmerksamkeitsstörungen auftreten. Einen Zusammenhang zwischen längerer Bleiexposition und Konzentrationsdefiziten fanden auch FULTON u. a. (1987) in der Edinburgh-Blei-Studie sowie FERGUSSON u. a. (1993).

In anderen Studien (STEINHAUSEN 1982; TROTT 1993; EGGER 1995) konnten jedoch die von den Anhängern der Allergiehypothese dargestellten Zusammenhänge bisher nicht bewiesen werden.

Neurotische Leistungshemmungen

Konzentrationsstörungen neurotischer Genese können als sekundäre Lernstörungen aufgefasst werden (BARCHMANN 1983). Sie entstehen auf der Basis von gehäuftem Misserfolgserleben und daraus resultierenden Minderwertigkeitsgefühlen. Die Kinder entwickeln als kompensatorischen Mechanismus ein Ausweichverhalten, wozu auch Konzentrationsminderleistungen zu rechnen sind. Das Versagen im konzentrativen Bereich dient dann zur »Entschuldung« für unzureichende Leistungen bei Lernsituationen.

Das neurotische Geschehen führt nach SPIEL (1973) zum Verlust energetischer Potenzen, der einen Rückgang im Bereich der Leistungsmotivation nach sich zieht.

Solche Lernstörungen können neben der intellektuellen Überforderung ihre Ursachen auch in psychischen Traumata (z. B. Verlustängste), in Liebesentzug oder in Mangel an Geborgenheit und Zuwendung haben. WAGNER (1977) weist in diesem Zusammenhang auf einen Circulus vitiosus hin, wobei sich die neurotische Leistungshemmung über Ängste vor Misserfolg, Misserfolgserwartung und Minderung des Selbstwertgefühls aufrechterhält.

Diesen Circulus vitiosus gilt es, durch eine psychotherapeutische Behandlung zu durchbrechen, dabei kann das vorliegende Konzentrationstrainings-Programm über den Aufbau eines angemessenen Leistungsverhaltens und durch Stärkung des Selbstwertgefühls effektiv helfen.

Soziale Faktoren

Langjährige Forschungen auf dem Hintergrund kontextualistischer Entwicklungstheorien und die klinisch orientierte Risikoforschung haben die Bedeutung psychosozialer Faktoren für die gesunde und auch gestörte kindliche Entwicklung überzeugend herausgearbeitet. Besonders in der frühen Kindheit spielen erzieherische Einflüsse und Auswirkungen des sozialen Umfelds eine große Rolle für eine gesunde oder deviante Entwicklung des Kindes.

Die unmittelbare Entwicklungsumwelt des Kindes entscheidet über seine Lernmöglichkeiten. So werden konzentratives Verhalten und kognitive Stile durch pädagogisch-erzieherische Einflussnahmen von Eltern, Erziehern und Lehrern mitbestimmt (KINZE und BARCHMANN 1990).

In einer Längsschnittstudie zeigten MEYER-PROBST und TEICHMANN (1984) an sechsjährigen Risikokindern, dass mit Zunahme der Anzahl psychosozialer Risiken die Konzentrationsfähigkeit sinkt. Auch andere psychosoziale Faktoren wirken sich ungünstig auf die Entwicklung der Kinder aus, so dissoziale Verhältnisse, schlechte Lebensbedingungen, Arbeitslosigkeit der Eltern, Ehezwistigkeiten und unvollständige

Familienstrukturen (FRÖLICH 1993). Auch eine große Geschwisterzahl, elterliche Kriminalität und psychische Erkrankungen der Mutter sind ungünstige Entwicklungsbedingungen.

Fehleinstellungen der Eltern und Erzieher, wie übergroße Härte oder Verwöhnung, Vernachlässigung oder Unberechenbarkeit dem Kind gegenüber, können Verhaltensstörungen und Konzentrationsprobleme hervorrufen.

Auch werden Veränderungen in den Lebensplänen und Erziehungsvorstellungen der Eltern als Ursache von Verhaltensauffälligkeiten der Kinder diskutiert. So betrachtet LUCKERT (1993) Hyperaktivität und Konzentrationsstörung als eine Zivilisationserscheinung, als eine Zeitkrankheit. Hyperaktivität und Konzentrationsstörungen werden durch die zunehmende Chaotisierung der Familienverhältnisse und den immer häufiger anzutreffenden Selbstverwirklichungsdrang der Eltern, die Missachtung der für das Kind notwendigen Beziehungsstabilität und fehlende emotionale Zuwendung begünstigt.

In diesem Zusammenhang kommt der institutionellen Erziehung im Vorschul- und Schulalter eine zunehmende Bedeutung bei der Kompensation dieser Mangelerscheinungen zu.

Zusammenfassung

Die oben genannten Faktoren können für sich oder in vielfältigen Kombinationen Konzentrationsstörungen verursachen. Eine umfangreiche Diagnostik ist notwendig, um eine gezielte, auf den Einzelfall abgestimmte Behandlung der Kinder zu ermöglichen.

Eine hirnorganische und/oder hirnphysiologische eingeschränkte Leistungsfähigkeit, eine genetische oder allergologische Belastung der Kinder begünstigen Konzentrationsstörungen. Ob und in welchem Schweregrad sich eine solche in der kindlichen Entwicklung manifestiert, hängt sehr stark von der psychosozialen Umwelt ab, von der personal-emotionalen

Zuwendung, den entwicklungsgerechten Anregungsbedingungen und der behutsamen Kontrolle des kindlichen Verhaltens. Im Einzelfall wird also immer zu entscheiden sein, ob eine psychotherapeutische Behandlung einer Konzentrationsstörung durch milieutherapeutische Eingriffe, durch medikamentöse oder durch diätetische Behandlung zu unterstützen ist.

Das Erscheinungsbild des konzentrationsgestörten Kindes und die Diagnostik von Konzentrationsstörungen

Erscheinungsbild

Von der Phänomenologie her lassen sich zwei Grundmuster der Konzentrationsstörungen unterscheiden (VEHRESCHILD 1983; KINZE und BARCHMANN 1990; DRUMMER 1993):

Typ 1: Die Kinder erscheinen motorisch unruhig, arbeiten hastig, impulsiv, sind reizoffen und leicht ablenkbar. Sie haben kein Interesse an längeren Beschäftigungen oder Spielen, toben am liebsten umher. Wegen des ständigen Störens kommen häufig Klagen vom Umfeld. Die Kinder sind durch Aufforderungen zu steuern, deren Wirkung ist jedoch nicht von Dauer.

Typ 2: Diese Kinder sind ruhig, antriebsarm, träumen vor sich hin, sind lustlos und interessenarm. Auf Aufgaben sind sie meist nur oberflächlich einstellbar. Da sie nicht stören, werden sie eher toleriert als Kinder vom Typ 1. Durch Aufforderungen sind sie kaum zu lenken oder zu beeinflussen.

Zwischen den Gruppen existieren fließende Übergänge. Die Arbeitsergebnisse beider Typen unterscheiden sich kaum. Sie machen vor allem viele Fehler bei Aufgaben, denen sie intellektuell durchaus gewachsen sind (KINZE und BARCHMANN 1990). Typ 1 arbeitet meist sehr schnell, Typ 2 dagegen auffällig langsam. Man spricht bei ihnen von einer Beeinträchtigung des Leistungsgrundtempos.

Die genannten Verhaltensauffälligkeiten zeigen sich in besonderem Maße, wenn vom Kind eine längere Aufmerksamkeitsdauer verlangt wird. Solche Situationen können bei der Gruppenarbeit auftreten, bei der die Kinder nacheinander an der Reihe sind, zwischendurch aber still sein sollen. Daneben fällt das Aufmerksamsein auch bei verschiedenen Spielen, bei Stillbeschäftigungen wie Malen und Basteln oder auch beim gemeinsamen Essen schwer.

In anderen Situationen jedoch, wenn interessante und neue Anregungen geboten werden oder sich eine Einzelperson mit dem Kind beschäftigt, ist die Aufmerksamkeitsstörung kaum oder gar nicht zu beobachten.

Die beschriebenen Verhaltensabweichungen werden häufig durch die Bezugspersonen nicht als Ausdruck einer Störung, sondern als »Ungezogenheit«, »fehlender guter Wille«, »Rücksichtslosigkeit« und »Im-Mittelpunkt-stehen-Wollen« fehlinterpretiert. Die Kinder gelten als störend, unreif und nicht gruppenfähig (LAUTH und SCHLOTTKE 1995).

Auch die Atmosphäre zwischen Eltern und Kind ist oft insgesamt negativer und von kontrollierenden Reaktionen der Eltern geprägt, die schnell eskalieren können. Bestrafungsorientierte Erziehungspraktiken, wie Entzug von sozialen und materiellen Verstärkern, körperliche Bestrafung und eingeschränktes Lob sind häufig (SAILE und GSOTTSCHNEIDER 1995). Hinzu kommen Konflikte im Umgang mit Gleichaltrigen, die den Kontakt häufig meiden oder das aufmerksamkeitsgestörte Kind instrumentell für Störungen nutzen.

Durch die ungünstigere Arbeitshaltung, durch beeinträchtigte Wahrnehmungs- und Verarbeitungsprozesse und fehlende Problemlösungsstrategien kommt es zu Lernbeeinträchtigungen, zu Misserfolgserlebnissen und zu einem negativen Selbstbild, was wiederum zu Vermeidungsverhalten und Selbstunsicherheit führt.

WOHLSCHLÄGER (1988) verweist besonders, um der Symptomvielfalt gerecht zu werden, auf den Leistungsaspekt (Nicht-Können) und auf den Motivationsaspekt (Nicht-Wollen). Im Vorschulalter soll der motivationalen Seite besondere Aufmerksamkeit geschenkt werden, um die Anstrengungsbereitschaft des Kindes zu aktivieren. Rein disziplinierende Maßnahmen, wie Still-Sitzen, Nicht-Zappeln, Nicht-Sprechen-Dürfen sind nicht nur meist erfolglos, sie sind zudem auch nicht motivationsfördernd.

Zur Diagnostik von Konzentrationsstörungen

Nachfolgend werden Verfahren und Vorgehensweise bei der Diagnostik konzentrativer Fähigkeiten erläutert. Es wird dabei besonders auf solche Verfahren eingegangen, die für das Vorschulalter relevant sind.

Die psychodiagnostische Beurteilung der Konzentrationsfähigkeit ist für alle Lebensbereiche von Bedeutung, in denen dem Probanden konzentriertes Tätigsein abverlangt wird. Die Aufgaben, die dabei bewältigt werden müssen, sind fremd gesetzt, erfordern vom Probanden Anspannung, Ausdauer und sind zumindest aus der Sicht der Betroffenen wenig lustbetont.

Diese Kennzeichnung konzentrativen Tätigseins trifft für viele Phasen des willkürlichen Lernens zu.

Die Fähigkeit, sich konzentrieren zu können, wird deshalb auch als Basiskategorie des Lernens betrachtet. Sie ist als Werkzeugfunktion der Intelligenz und der Lernfähigkeit anzusehen (vgl. ETTRICH 1988).

Beeinträchtigungen der Konzentrationsfähigkeit wirken sich negativ auf die Prozesse der Informationsaufnahme, auf die Informationsverarbeitung und auf deren Wiedergabe aus.

Die speziellen Verfahren zur Diagnostik der Konzentrationsfähigkeit sind am eingangs skizzierten Modell von konzentriertem Tätigsein orientiert:

1. die zu bewältigende Aufgabe wird an den Probanden herangetragen, er darf diese nicht selbstständig wählen;
2. die abverlangte Tätigkeit stellt an die intellektuellen Fähigkeiten des Probanden nur geringe Anforderungen;

3. die abverlangte Tätigkeit erfordert dagegen Sorgfalt und Ausdauer.

Methoden der Konzentrationsdiagnostik lassen sich in *Verfahren der Verhaltensbeobachtung* und *konzentrationsmessende Verfahren* unterteilen.

Bevor wir uns den konzentrationsmessenden Verfahren (Tests) zuwenden, sei auf *Verfahren der Verhaltensbeobachtung* verwiesen, da diese sowohl von Therapeuten als auch von Eltern, Lehrern und Erziehern zur Basis- und Verlaufsdiagnostik angewendet werden können.

Der CONNERS-Fragebogen ist eine standardisierte Erfassung der Verhaltensbeobachtungen von Eltern, Lehrern und Erziehern, die in Beziehung zu Konzentration und Ausdauer stehen.

Dieser Fragebogen ist universell einsetzbar. Er eignet sich zur Anwendung nicht nur bei unterschiedlichen Personen, sondern auch zur wiederholten Anwendung mit zeitlichem Abstand bei derselben Testperson.

Beide diagnostischen Aspekte sind von großer Bedeutung. Im ersteren Fall erfahren wir, ob das auffällige Verhalten in bestimmten Situationen (Kindergarten, Schule, Elternhaus) oder allgemein auftritt, oder ob das Verhalten des Kindes bei bestimmten Personen anders ist. Hier können wir dann weiter fragen, ob es sein Verhalten steuert, um sich die Zuwendung dieser Person zu sichern, oder ob es die Aufmerksamkeit dieser Person durch besonders auffälliges Verhalten erregen will.

Die Verlaufsbeobachtung zielt auf die Frage der Verhaltensschwankungen (ohne Behandlung) und auf die Erfassung der Verhaltensänderungen unter Behandlung ab.

Verhaltensschwankungen ergeben sich bei manchen Kindern im Tagesablauf (z. B. »nach 12 Uhr ist es mit Hans am schlimmsten«). Bei manchen Kindern beobachten Eltern auch jahreszeitliche Schwankungen. Letztlich wird immer wieder auf institutionelle Einflüsse verwiesen (»nach dem Kindergarten ist Dirk unruhig, unaufmerksam und stört die Geschwister«).

Eltern-Lehrer-Erzieher-Fragebogen
(Kurzform – nach CONNERS 1969, 1973)

Bitte beurteilen Sie das Kind _____
hinsichtlich der aufgeführten Verhaltensweisen!

	überhaupt nicht	ein wenig	ziemlich	sehr stark
	0	1	2	3
1. unruhig oder übermäßig aktiv	( )	( )	( )	( )
2. erregbar, impulsiv	( )	( )	( )	( )
3. stört andere Kinder	( )	( )	( )	( )
4. bringt angefangene Dinge nicht zu einem Ende – kurze Aufmerksamkeitsspanne	( )	( )	( )	( )
5. ständig zappelig	( )	( )	( )	( )
6. unaufmerksam, leicht ablenkbar	( )	( )	( )	( )
7. Erwartungen müssen umgehend erfüllt werden, leicht frustriert	( )	( )	( )	( )
8. weint leicht und häufig	( )	( )	( )	( )
9. schneller und ausgeprägter Stimmungswechsel	( )	( )	( )	( )
10. Wutausbrüche, explosives und unvorhersehbares Verhalten	( )	( )	( )	( )

_____
ausgefüllt von: Mutter/Vater/Lehrer(in)/Erzieher(in)

Eine Beeinträchtigung konzentrativer Fähigkeiten ist immer dann zu vermuten, wenn bei den Beobachtungsmerkmalen

1 bis 6 des CONNERS-Fragebogens die Antworten »ziemlich« und »sehr stark« angekreuzt werden müssen. Aber auch die alleinige deutliche Merkmalsausprägung bei 4 und 6 zeigt die Notwendigkeit einer Therapie des konzentrativen Verhaltens an.

Neben der Kurzform des CONNERS-Fragebogens existiert auch noch eine Langform (abgebildet bei STEINHAUSEN 1982, 1988), bei der ebenfalls Eltern, Lehrer und Erzieher das Verhalten der Kinder einschätzen können. In jüngerer Zeit hat KLEIN (1993) einen Fragebogen zum Hyperkinetischen Syndrom vorgelegt, dem entsprechende Hinweise auf Auffälligkeiten in der Konzentrationsfähigkeit zu entnehmen sind. Mit nur 15 Fragen dürfte auch dieses psychodiagnostische Verfahren gute Chancen haben, sich in der Praxis durchzusetzen.

Die *konzentrationsmessenden Verfahren* sind den »Fachleuten« vorbehalten, allerdings sollten Eltern, Lehrer und Erzieher darüber informiert sein, was mit einem Konzentrationstest abgebildet wird und wie diese zur Diagnosestellung mitverwendet werden können.

Konzentrationstests lassen sich nach unterschiedlichen Kriterien klassifizieren.

Nach der Aufgabenart unterscheiden wir:

– Sortiertests,
– Durchstreichtests,
– Rechentests und
– Ordnungs- bzw. Zuordnungstests.

Nach der Zeitdauer, die die Testpersonen einer konzentrativen Tätigkeit ausgesetzt sind, unterscheiden wir:

– Kurzzeit-Konzentrationstests und
– Langzeit-Konzentrationstests.

Nach der Art der Durchführung werden die Konzentrationstests klassifiziert in:

– Einzeltests und
– Gruppentests.

Zu jeder Aufgabenart werden nachfolgend ein oder zwei Vertreter, die auch in der psychodiagnostischen Praxis des Vorschulalters gut eingeführt sind, genannt.

1. Sortiertests
a) Schon im BÜHLER-HETZER-Test für Kleinkinder ist ein Untertest zur Prüfung der Konzentrationsfähigkeit enthalten. 100 weiße und 100 rote Plättchen werden gemischt den Zweijährigen angeboten, die sie dann in zwei Schachteln nach Farben getrennt sortieren müssen. Die Konzentration gilt als ausreichend entwickelt, wenn das Kind bei maximal 2 Aufforderungen zum Arbeiten die Plättchen sortiert. Dreijährige erhalten die gleiche Aufgabe, wobei nur eine Aufforderung zum Arbeiten gestellt wird. Vierjährige müssen die Plättchen in einer alternierenden Reihe rot – weiß – rot – weiß auslegen.

b) Ein weiteres Sortierverfahren ist das Konzentrations-Handlungs-Verfahren für Vorschulkinder von ETTRICH (KHV-VK). Es besteht aus einem Satz von 44 Karten mit je 12 Bildern. Die Kinder haben die Karten nach 2, 3 oder 4 Merkmalen zu sortieren.

Bei den Sortiertests wird die Konzentrationsfähigkeit überprüft, indem vom Probanden gefordert wird, auf zwei (oder mehr) Merkmale gleichzeitig zu achten, bei BÜHLER und HETZER auf die unterschiedlichen Farben, bei Ettrich auf das Auftreten figürlicher Abbildungen.

2. Durchstreichtests
a) Hier ist der »Differentielle Leistungstest« von KLEBER und KLEBER zu nennen. Bei ihm sind figürliche Abbilder in Reihen geordnet. Jedes bearbeitete Bild ist mit einem Punkt zu versehen. Bestimmte Bilder müssen durchgestrichen werden. Das Verfahren gibt es in einer Version für Vorschulkinder der ältesten Gruppe und für Schulkinder im Alter von 6 bis 10 Jahren.

3. Rechentests
Rechentests sind im Vorschulalter wegen der noch vorhandenen Probleme im Umgang mit den Operationen Addition und Subtraktion nicht anwendbar.

4. Ordnungs- und Zuordnungsverfahren
Auch diese Konzentrationstests finden im Vorschulalter als eigenständige diagnostische Verfahren keine Verwendung. In manche Testbatterien, zum Beispiel HAWIVA (Hannover-Wechsler-Intelligenztest für das Vorschulalter), gehen sie als Untertests ein.

Das Problem bei Rechentests, Ordnungs- und Zuordnungsverfahren besteht darin, dass die inhaltlichen Möglichkeiten sehr leicht zu einer intellektuellen Herausforderung für die Kinder werden, sie aber damit nicht Konzentrationsfähigkeiten im engeren Sinne abbilden.

Alle hier genannten Verfahren gehören zur Gruppe der Kurzzeit-Konzentrationstests. Langzeittests wurden für diese Altersgruppe nicht konstruiert. Da es diagnostisch durchaus erforderlich sein kann, eine längere Anforderungsphase bezüglich der Ausdauerleistung zu gestalten, kann man sich behelfen, indem man den KHV-VK mehrmals bei einem Kind durchführt. Dies ist etwa auch dann erforderlich, wenn nicht sicher ist, ob das Kind die Testanforderung als fremd gesetzt erlebt oder sie als ein interessantes Spiel betrachtet, was letztendlich eher die unwillkürliche denn die willkürliche Aufmerksamkeit aktiviert.

Konzentrationsmessende Verfahren gewinnen ihre Information aus einigen Kennwerten, die als quantitative und qualitative Leistungsparameter bezeichnet werden.

1. Quantitative Parameter
a) *Zeit*: Der Zeitverbrauch im Test gilt als Indikator des individuellen Arbeitstempos, des Leistungsgrundtempos.
b) *Leistungsmenge*: Die gleiche Indikatorfunktion kommt bei allen Tests, die mit einer Zeitbegrenzung arbeiten, der Leistungsmenge zu.

2. Qualitative Parameter
a) *Fehlerzahl:* Sie ist Indikator konzentrativen Arbeitens im Sinne von Sorgfalt, Ausdauer, aber auch Ermüdung.

b) *Fehlerprozent (F %):* Das Fehlerprozent wird als Relation von Fehlern und Mengenleistung gebildet. Es gibt Auskunft über die qualitative Leistungseinstellung des Probanden.
c) Verlaufsparameter:
   c1) Mengenleistung im Zeitverlauf (Ermüdung, Motivation)
   c2) Fehlerverteilung im Zeitverlauf (Ermüdung, Motivation)
   c3) Schwankungsbreite der quantitativen Leistung (nur bei Tests, die mit Zeitintervallmarkierung arbeiten, anwendbar).

In der nachfolgenden Abbildung geben wir eine grafische Übersicht zum Ablauf der Differentialdiagnostik beim Verdacht auf Konzentrationsprobleme.

Vorab einige Anmerkungen zum Ablauf der Differentialdiagnostik:
1. Eine Beeinträchtigung der Konzentrationsfähigkeit im Kindesalter ist nicht allein durch die ausschließliche Anwendung konzentrationsdiagnostischer Verfahren nachweisbar. Immer ist auch eine Analyse des intellektuellen Niveaus notwendig, da bei einem deutlich unterdurchschnittlichen oder gar psychopathologischen Niveau der Intelligenz die Tätigkeitsanforderungen der Konzentrationstests wie intellektuelle Leistungsanforderungen bewältigt werden und somit Fehlbeurteilungen über diesen Weg möglich sind. Ferner ist eine Analyse des kognitiven Stils im Sinne von Impulsivität und Reflexibilität zu empfehlen. Dieser diagnostische Schritt ist über den Matching-Familiar-Figures-Test (MFF, s.u.) möglich.
2. Bei der Bewertung konzentrativer Leistungen ist dem qualitativen Parameter (Fehler) größere Aufmerksamkeit als dem quantitativen Parameter (Zeit/Menge) zu schenken. Eine unzureichende Zeit- oder Mengenleistung ist bei gleichzeitiger geringer Fehleranzahl erst bei erheblicher Abweichung vom Durchschnitt ein therapieerfordernder Fakt.

Diagnostik des Arbeitsstils
(z. B. Matching-Familiar-Figures-Test)

Intelligenzdiagnostik
(z. B. Binet-Simon-Kramer-Test, HAWIVA)

|
IQ > 80 ──────── nein → **Wechsel der Strategie**
|
ja
↓

Kurzzeittest
Quantität, Qualität ── nein →
unauffällig
|
ja
↓

Langzeittest
Quantität, Qualität ── nein →
unauffällig
|
ja
↓

Variation der Durchführungs-bedingungen
Quantität, Qualität
unauffällig ──────── nein →
|
ja
↓

Keine Beeinträchtigung der Konzentrationsfähigkeit

Indikation zur Therapie der Konzentrationsstörung

Schweregrad der Störung

3. Eine durchschnittliche Konzentrationsfähigkeit in einem Kurzzeitverfahren ist kein Indiz für eine hinreichende Konzentrationsfähigkeit in anderen Anforderungssituationen. Deshalb muss die Diagnostik um ein Langzeitverfahren ergänzt werden. Da für Vorschulkinder keine speziellen Verfahren dieser Art existieren, lassen sich solche Anforderungen durch die mehrfache Wiederholung von Kurzzeittests hinreichend simulieren.
4. Ergeben sich auch bei Langzeittests in der optimalen Einzelsituation keine Hinweise auf eine Beeinträchtigung der Konzentrationsfähigkeit, ist die Untersuchung unter Variation der Durchführungsbedingungen zu wiederholen:
a) als Gruppentest
b) durch experimentelle Variation (z. B. Tonband mit Kinderlärm).

Abschließend ist noch darauf zu verweisen, dass im Allgemeinen der Schweregrad einer Konzentrationsstörung um so höher ist, je zeitiger diese im oben dargestellten diagnostischen Prozess sichtbar wird. Dass ferner exakte Informationen über das Verhalten des Kindes in spezifischen häuslichen und institutionellen Anforderungssituationen vom Untersucher einzuholen und bei der Diagnosestellung zu berücksichtigen sind, sei nochmals nachdrücklich vermerkt.

Schnelles und richtiges Arbeiten wird als konzentriertes Arbeiten definiert. Die Konzentrationsfähigkeit wird in Tests am Ende der Untersuchung aus der Quantität, also der Menge der bearbeiteten Aufgaben oder der benötigten Zeit und der Qualität, also der Fehleranzahl, abgeleitet. Ergänzende verfahrensspezifische Erweiterungen in verschiedenen Tests erfassen darüber hinaus auch Parameter wie Ablenkbarkeit, Ausdauer und Gleichmäßigkeit der Leistungen (KURTH 1979; Überblick bei BARCHMANN 1988).

Der Leistungsqualität wird im Allgemeinen die größere Bedeutung beigemessen. BINAS (1973) betont den hohen Stellenwert der Leistungsgüte. Trotz der Priorität von Qualität und Quantität der Testergebnisse dürfen verschiedene andere

Aspekte, die diese Parameter beeinflussen können, nicht außer Acht gelassen werden. Zu diesen Faktoren zählen:

1. Motivation

Der Aspekt der Motivation ist für die Diagnostik konzentrativer Fähigkeiten insofern von Bedeutung, als es sich um die Übernahme einer fremd gesetzten Aufgabe handelt und dies mit der Absicht, diese Aufgabe unter Einsatz der eigenen Fähigkeiten und der energetischen Ressourcen zu lösen (ETTRICH 1991).

Die Anspannungsbereitschaft des Kindes hängt hierbei von der Aufgabe an sich und davon ab, wer sie stellt und wie er sie stellt. KANFER (1989) beschreibt im Kapitel über Veränderungen in der Verhaltenstherapie während der letzten 30 Jahre die zunehmende Bedeutung, die generell Emotionen und Affekten zugebilligt wird. »Es wird heute allgemein anerkannt, dass bei der Triade von Wissen, Können und Wollen letzteres nicht vergessen werden darf.«

2. Situative Aspekte

Bei zahlreichen Tests wird nicht hinreichend entschieden, ob die Ergebnisse in der Einzel- oder Gruppensituation gewonnen wurden. Können Kinder in der relativ reizarmen Einzelsituation noch normale Konzentrationswerte aufweisen, sind diese in der Gruppensituation häufig schon abweichend. Unterdurchschnittliche Werte in der Einzelsituation gehen jedoch so gut wie immer auch mit unterdurchschnittlichen Werten in der Gruppensituation einher (BARCHMANN 1983).

3. Anforderungsstruktur und -niveau

Sowohl Aufgaben, die das Kind nur unter großen Anstrengungen lösen kann, als auch solche, die zu einfach und langweilig sind, werden als ungünstig eingeschätzt, da kein adäquates Aktivierungsniveau erreicht wird.

4. Zeitdauer

In Konzentrationstests sollte auch immer die zur Verfügung

stehende Gesamtzeit berücksichtigt werden. Von Ergebnissen bestimmter Kurzzeittests ist nicht auf das Konzentrationsvermögen bei längerfristigen Aufgaben zu schließen (KINZE und BARCHMANN 1990).

Speziell zur Prüfung der Effektivität des vorliegenden Konzentrationstrainings-Programms wurden bei Untersuchungen von mehr als 300 Vorschulkindern folgende Verfahren eingesetzt:

Konzentrations-Handlungs-Verfahren
(KHV-VK, ETTRICH 1989)
Das KHV-VK ist für 3;0 – 6;11jährige Kinder standardisiert und besteht aus 44 Karten (7 cm x 10 cm), auf denen jeweils durch Strichzeichnungen 12 Figuren dargestellt sind. Die Karten wurden auf dünne Hartfaserplatten kaschiert, da vor allem die jüngeren Kinder noch recht robust mit dem Material umgehen. Das Bildmaterial wurde dem *Differentiellen Leistungstest* von KLEBER und KLEBER (1974) entnommen und so zusammengestellt, dass im gleichen Kartensatz jeweils zwei Parallelformen enthalten sind. Dadurch ist eine recht ökonomische und anwenderfreundliche Möglichkeit der Diagnostik konzentrativer Fähigkeiten möglich. Die Testdurchführung steht in der diagnostischen Tradition von ABELS (1954) sowie von KOCH und PLEISSNER (1984), die Karten müssen von den Kindern nach bestimmten Merkmalen in eine Box mit vier Fächern einsortiert werden. Die kritischen Merkmale sind in der Form A die Abbildungen von *Kamm* und *Baum* und in der Form B die Abbildungen von *Blume* und *Bürste*.

Aus dem Material wurden ferner zwei grundlegende Anwendungsformen entwickelt, für die wir die Bezeichnungen Zweier-Sort (Merkmal vorhanden bzw. nicht vorhanden) und Vierer-Sort wählten.

Beim Vierer-Sort sind die Karten in der Form A nach den Merkmalen *Baum, Kamm, Baum und Kamm* und *weder noch* zu sortieren.

In der Form B sind von den Probanden die Merkmale *Blu-*

me, Bürste, Blume und Bürste sowie *weder noch* zu beachten. Die ersten vier Karten des Tests werden gemeinsam mit dem Kind abgelegt. Dabei werden Fehler sofort korrigiert und unter Umständen das Zuordnungsprinzip nochmals erläutert. Die Arbeitszeit des Kindes ist auf zehn Minuten begrenzt. Dies entspricht einer maximalen mittleren Inspektionszeit von 15 Sekunden pro Karte.

Für die Zeitmessung kann eine Stoppuhr oder eine gewöhnliche Uhr verwendet werden, weil die Zeitwerte nur mit Minutengenauigkeit in der Normierung berücksichtigt werden. Die volle Minute ist damit als Klassenmitte des Zeitintervalls (x.30 bzw. x.31) zu interpretieren.

Für den Fall, dass das Kind innerhalb von zehn Minuten noch nicht alle Karten einsortiert hat, ist die Nummer der zuletzt abgelegten Karten im Zeitintervall zu notieren. Es ist in das Ermessen des Untersuchers gestellt, ob er danach den Test abbricht oder das Kind das Sortieren zu Ende bringen lässt.

Im Protokollbogen wird die Arbeitszeit und die Anzahl der Karten, die in 10 Minuten sortiert wurden, registriert. Die Fehlerauswertung ist sehr einfach, da auf der Rückseite neben der Kartennummer jeweils ein Symbol die richtige Zuordnung anzeigt. Die falsch einsortierten Karten werden in einem Verlaufsprotokoll registriert und anschließend die Fehlerhäufigkeit ausgezählt. Die Fehleranzahl wird im Protokollbogen vermerkt.

Die Eintragungen im Verlaufsprotokoll dienen vor allem der qualitativen Beurteilung des konzentrativen Verhaltens. Beispielsweise ist eine Fehlerhäufung am Anfang als Anpassungsproblem des Kindes an die Untersuchungsanforderung zu interpretieren, während Fehlerhäufungen am Ende auf Ermüdungs- und Motivationsprobleme hinweisen.

Das Protokoll des typisch konzentrationsgestörten Kindes ist sowohl durch viele Fehler als auch deren eher zufällige Verteilung im Zeitverlauf gekennzeichnet.

Die individuellen Zeit- und Fehlerwerte werden mit den Normwerten der entsprechenden Altersgruppe verglichen.

Matching Familiar Figures-Test
(MFF, KAGAN 1968)
Der MFF besteht aus 12 beziehungsweise 20 Aufgaben, in denen aus sechs sich nur in einem Detail unterscheidenden Strichzeichnungen diejenige herausgesucht werden muss, die dem einzeln vorgelegten Standardbild genau entspricht. Bei der Durchführung werden sowohl die Antwortlatenzzeiten als auch die Fehleranzahl registriert. Von den vier Reaktionsmöglichkeiten (langsam-ungenau, langsam-genau, schnell-ungenau, schnell-genau) werden von KAGAN nur die reflexive zweite und die impulsive dritte Variante beachtet. Als reflexiv werden in diesem Zusammenhang Kinder bezeichnet, die langsam und genau arbeiten – hierin liegt ein Unterschied zum Begriff des konzentrierten Arbeitens, unter dem wir auch schnelles und richtiges Vorgehen verstehen.

Kinderbeobachtungsbogen
(KBB, ETTRICH 1985)
Ein ergänzendes diagnostisches Verfahren zur Erfassung entwicklungsgefährdeter Vorschulkinder im Alter von 6 bis 7 Jahren wurde von uns unter Berücksichtigung des Screeningaspekts als »Kinderbeobachtungsbogen« (KBB) über mehrere Analyseschritte entwickelt.
  Der KBB zielt auf

– das Erkennen von Entwicklungsgefährdungen,
– einen ergänzenden differentialdiagnostischen Befund und
– auf die Analyse spezieller Auffälligkeiten und kompensatorischer Möglichkeiten der Kinder ab.

Unter Betonung dieser drei Aspekte sei gesagt, dass wir zum einen Schulfähigkeitsbeurteilung als Entwicklungsbeurteilung bei interdisziplinärem Zusammenwirken von Pädagogen, Psychologen und Medizinern und zum anderen als ein multimethodales Geschehen begreifen. Es geht nicht nur um die Minimierung des Fehlerrisikos eines einzigen diagnostischen Verfahrens, sondern darum, die Erfassung der Persönlichkeit des Kindes, seiner individuellen Lernvoraussetzungen und seiner spezifischen Entwicklungsbedingungen – die unter Bezug auf die schulischen Anforderungen zu einer Entwicklungsprognose zusammenzufassen sind – zu ermöglichen.

Das Verfahren basiert auf entwicklungspsychologischen, klinisch-psychologischen und pädagogisch-psychologischen Erkenntnissen zur Problematik der Schulfähigkeit und der Prävention. Es objektiviert die Erfahrungen von Kindergärtnerinnen, indem es diesen Fragen vorlegt, die durch konkrete Beobachtungen oder verallgemeinernde Verhaltensbewertungen von vielfältigen Beobachtungsmöglichkeiten leicht zu beantworten sind. Die Fragen beziehen sich auf Verhaltens- und Beurteilungsbereiche, die den Erzieherinnen aus dem täglichen Umgang mit den Kindern bei den Beschäftigungen oder dem Spiel sowie über den täglichen Kontakt mit den Eltern gut vertraut sind.

Die Fragen lassen sich fünf Themenbereichen zuordnen:

1. Sozialverhalten des Kindes (Frage 1, 2, 3)
2. Leistungsverhalten
   a. Sprache (Frage 4, 5, 6, 7, 8)
   b. Mengenverständnis (Frage 9, 10, 11)
   c. Lernfähigkeit im Sinne von Gedächtnis und Merkfähigkeit (Frage 13,14,15)
3. Beobachtungen zum Arbeitsverhalten des Kindes (Frage 16, 18, 19, 20, 21) – diese beziehen sich auf Aspekte der Konzentrationsfähigkeit
4. Einschätzung des Erziehungsinteresses und des Eziehungsstils der Eltern (Frage 12, 22)
5. Einschätzung der Schulfähigkeit und der Schulprognose aus der Sicht der Erzieherin (Frage 17, 23).

Unter Auslassung der Fragen 17 und 23 ist der Kinderbeobachtungsbogen problemlos bei fünfjährigen Kindern anwendbar.

Den Fragen wurden verbale Antwortkategorien zugeordnet, deren Differenzierungsgrad sich an der Auskunftsfähigkeit der Erzieherinnen orientiert.

Bei jeder psychodiagnostischen Fragestellung, so auch der

Diagnostik der Konzentrationsfähigkeit, ist die Beurteilung der intellektuellen Leistungsfähigkeit des Kindes unerlässliche Vorbedingung, da sich alle weiteren diagnostischen und therapeutischen Bemühungen am intellektuellen Entwicklungsstand des Kindes orientieren müssen. Für die Beurteilung der Intelligenz gibt es eine breite Palette psychodiagnostischer Verfahren. Wir beschränken uns hier auf den nachfolgend etwas näher zu besprechenden BINET-SIMON-KRAMER-Test.

Der Binet-Simon-Kramer-Test
(BSK, KRAMER 1954, 1972)
Der BINET-SIMON-KRAMER-Test (KRAMER 1954) wurde für die Diagnostik der Allgemeinen Intelligenz von drei- bis fünfzehnjährigen Kindern und Jugendlichen entwickelt.

Von der Art der Testkonstruktion ist der BSK streng an der von ALFRED BINET kreierten Form des Altersstaffeltests orientiert: eine Anzahl von Aufgaben, die jeweils von 75 % der Kinder eines Altersjahrgangs gelöst, vom nächst niedrigeren Jahrgang von etwa 20 % weniger und vom nächst höheren Jahrgang um etwa 15 % häufiger gelöst werden, bilden eine Altersreihe.

Die für unsere diagnostische Zielstellung interessierenden Altersreihen III, IV und V bestehen aus je 10 Aufgaben und die Altersreihen VI, VII aus je acht Aufgaben. Vom Material- und Anforderungstyp der Aufgaben unterscheidet KRAMER (1954) folgende Aufgabengruppen:

a) Figuren nachlegen, zuordnen, wiedererkennen;
b) Mengen- und andere Begriffe, Oberbegriffe;
c) Farben, Tätigkeiten zuordnen, Bilder zusammensetzen;
d) Lücken in Bildern erkennen;
e) Sinnwidrigkeiten in Bildern und Texten erkennen;
f) Konzentrationsaufgaben: Perlen aufreihen, Personenzahl angeben;
g) Analogien finden, Intelligenzfragen beantworten;
h) Geschichten konstruieren aus Bildern oder Stichworten;
i) Zahlenreihen fortsetzen.

Die diagnostischen Vorzüge des BSK insbesondere bei der Untersuchung von Vorschulkindern ergeben sich aus der an der Welt des Kindes orientierten Aufgabenauswahl, aus der Vielgestaltigkeit des Materials und aus der relativen Beliebigkeit, mit der die ersten Items für die jeweilige Untersuchung eines Kindes aus dem Itempool ausgewählt werden können.

Mit gleicher psychodiagnostischer Intention werden in dieser Altersgruppe u. a. auch nachfolgend genannte intelligenzdiagnostische Verfahren eingesetzt:

- Hannover-Wechsler-Intelligenztest für das Vorschulalter (HAWIVA, EGGERT 1975),
- Grundintelligenztest (CFT, CATTELL und WEISS 1971),
- Coloured Progressive Matrizes (CPM, RAVEN 1965),
- Kognitiver Fähigkeitstest – Kindergartenform (KFT-K, HELLER und GEISLER 1983).

Konzentration und Hyperkinetisches Syndrom

Ich halte es für sinnvoll, dem Hyperkinetischen Syndrom an dieser Stelle ein eigenes kurzes Kapitel zu widmen und dies vor allem aus zwei Gründen: Zum einen ist das Hyperkinetische Syndrom ein Störungsbild, das aufgrund seiner Auffälligkeit und seiner Vorkommenshäufigkeit sowie nicht zuletzt aufgrund seiner Prognose gegenwärtig Eltern, Pädagogen, Psychologen und Ärzte gleichermaßen beschäftigt. Zum anderen ist es so, dass heute in den meisten Veröffentlichungen eine Vermischung von Konzentrationsstörungen und Hyperkinetischem Syndrom geschieht, eine Vermischung, die zwar nahe liegend ist, die aber weder die Diagnostik noch die Therapie beider Störungen vereinfacht.

Es erscheint notwendig, an dieser Stelle darauf hinzuweisen, dass die Konzentrationsstörung eines der obligatorischen Symptome des Hyperkinetischen Syndroms ist, dass jedoch Konzentrationsstörungen auch Symptom einer Vielzahl anderer Störungen sein können.

Mit anderen Worten: Das Hyperkinetische Syndrom beinhaltet zwingend eine Konzentrationsstörung, während die Konzentrationsstörung nicht zwingend mit einem Hyperkinetischen Syndrom verbunden ist.

Was versteht man unter dem Hyperkinetischen Syndrom?

Laut ICD-9 sind Hyperkinetische Syndrome »Störungen, deren wesentlichen Merkmale kurze Aufmerksamkeitsspanne und erhöhte Ablenkbarkeit sind. In der frühen Kindheit ist das auffallendste Symptom eine ungehemmte, wenig organisierte und schlecht gesteuerte extreme Hyperaktivität, an deren Stelle aber in der Adoleszenz Hypoaktivität treten kann. Impulsivität (des Arbeitsstils; die Verf.), ausgeprägte Stimmungsschwankungen und Aggressivität sind ebenfalls häufige Symptome. Oft bestehen Verzögerungen in der Entwicklung bestimmter Fähigkeiten sowie gestörte und eingeschränkte zwischenmenschliche Beziehungen«.

Nach ICD-9 werden drei Arten des Hyperkinetischen Syndroms unterschieden. Sie gehen einher mit

– Störung von Aktivität und Aufmerksamkeit (314.0),
– Entwicklungsrückständen (314.1),
– Störungen des Sozialverhaltens (314.2).

Im DSM-III-R wird die Störung als »Aufmerksamkeits- und Hyperaktivitätsstörung« bezeichnet (314.01), deren drei Hauptmerkmale die Aufmerksamkeitsstörung, die Hyperaktivität und die Impulsivität sind.

Die ICD-10 nennt als charakteristische Merkmale

– den frühen Beginn der Störung,
– die Kombination von überaktivem, wenig moduliertem Verhalten mit deutlicher Unaufmerksamkeit und Mangel an Ausdauer bei Aufgabenstellungen,
– situationsunabhängige und zeitstabile Verhaltenscharakteristika.

Wie äußert sich das Hyperkinetische Syndrom?

Die Symptomatik des Hyperkinetischen Syndroms wird heute in obligate und fakultative Symptome eingeteilt. Einen Überblick hierzu zeigt nachfolgende Tabelle:

Symptomatik des Hyperkinetischen Syndroms		
obligat		
Aufmerksamkeitsstörung – leicht ablenkbar – hört nicht zu – keine Ausdauer – wechselt rasch Spielidee – beendet Begonnenes oft nicht	Impulsivität – handelt unüberlegt – keine Planung – stört beim Spielen – Fremdsteuerung notwendig – kann schwer abwarten – Affektinkontinenz auf Grund von emotionaler und vegetativer Labilität	Hyperaktivität – Bewegungsdrang – zappelt viel – unruhiger Schlaf – »ruhelos« – Redseligkeit – Lärmen
fakultativ		
– Koordinationsstörungen – motorisches Ungeschick	– Leistungsprobleme – Lernstörungen	Störungen des emotionalen und sozialen Verhaltens: – Frustrationsintoleranz – Aggressivität – Selbstunsicherheit

Woher kommt das Hyperkinetische Syndrom?

Seitdem sich in den letzten Jahren die Forschung intensiv um dieses Störungsbild bemüht, wurde deutlich, dass das Hyperkinetische Syndrom nicht durch eine einheitliche Ätiologie gekennzeichnet ist und es sich somit nicht als nosologische Einheit begreifen lässt (ETTRICH und ETTRICH 1993).

Die nachfolgenden Faktoren und Faktorengruppen werden heute mit der Verursachung des Hyperkinetischen Syndroms in Verbindung gebracht:

- Organische Faktoren: Hierzu zählen beispielsweise Zustände nach frühkindlichen Hirnschädigungen prä-, peri- und postnataler Art.
- Genetische Einflüsse: Hierfür spricht die hohe Konkordanz des Hyperkinetischen Syndroms bei eineiigen Zwillingen sowie die Tatsache, dass die Eltern hyperkinetischer Kinder ebenfalls gehäuft hyperkinetisch waren und noch sind sowie die deutliche Knabenwendigkeit der Symptomatik.
- Allergische Reaktionen auf bestimmte Nahrungsmittel beziehungsweise Nahrungsmittelzusätze, etwa salicylatreiche Lebensmittel, Zucker, Phosphate sowie fakultativ allergen wirkende Stoffe in Nahrungsmitteln.
- Aufrechterhaltende und aggravierende Einflüsse ungünstiger Faktoren aus der familiären, schulischen und gesellschaftlichen Umwelt.
- Kombinationen verschiedener Ursachen.

Diagnostik des Hyperkinetischen Syndroms

Wie wird die Diagnose gestellt?

Die Abgrenzung des HKS von anderen Störungen im psychischen und/oder sozialen Bereich ist schwierig, und bei vielen Patienten finden sich Überlagerungen mehrerer Störsyndrome.

Folgende Parameter des Kindes und seiner Umwelt(en) sind für die Diagnostik des HKS von Bedeutung (ETTRICH 1995a):

- genaue frühkindliche Anamnese unter Einbezug somatischer, psychosozialer und beziehungsdynamischer Faktoren,
- körperliche und entwicklungsneurologische Untersuchung,

ergänzt durch motoskopische und/oder motometrische Verfahren und neuroradiologische Zusatzdiagnostik,
- psychologische Untersuchung, bestehend aus
  • Leistungsdiagnostik,
  • Persönlichkeitsdiagnostik,
  • Diagnostik des Sozialverhaltens,
  • Abklärung von Teilleistungsstörungen,
- Erfassung der derzeitigen familiären Situation,
- eingehende Analyse des institutionellen Umfeldes (Kindergarten, Schule),
- Analyse des Freizeitumfeldes (z. B. Hobbys, Freizeitgruppen, Sportvereine).

Wann wird die Diagnose gestellt?

Die Diagnose Hyperkinetisches Syndrom wird gestellt, wenn:

1. die genannte Symptomatik mindestens 6 Monate besteht,
2. die Symptome vor Vollendung des 7. Lebensjahrs auftreten,
3. mindestens acht Einzelsymptome des Gesamtbildes vorhanden sind,
4. keine tief greifende Entwicklungsstörung vorliegt.

Differentialdiagnostische Überlegungen
Das Hyperkinetische Syndrom ist differentialdiagnostisch abzugrenzen von:

- alters- oder situationsentsprechenden Aktivitäten,
- hirnorganischen Störungen mit klarem Schädigungsnachweis,
- dissozialen Verhaltensweisen,
- psychotischen Zustandsbildern.

Therapeutische Möglichkeiten des
Hyperkinetischen Syndroms

»Eine gründliche Diagnostik, die zur konkreten Benennung der betreffenden Störung führt, ist bereits ein wichtiger Schritt auf dem therapeutischen Weg, indem sie zur Entlastung aller Beteiligten beiträgt:

Das Kind fühlt sich verstanden, die Eltern erleben sich als angenommen, Lehrer empfinden sich nicht länger als pädagogisch unfähig usw.

Mit diesem ersten Schritt der »Entschuldung« beginnt aber erst der mühsame gemeinsame Weg der Behandlung und Erziehung der betreffenden Kinder« (ETTRICH 1995a).

Die therapeutischen Zugangswege kommen von der medizinisch-psychologischen, der pädagogischen und der sozialen Ebene. Die nachfolgende Übersicht zeigt Möglichkeiten des therapeutischen Herangehens, wobei dem einzelnen Kind nur ein multimodaler, individuumsspezifischer Ansatz gerecht werden kann (ETTRICH 1994, 1995b).

Das in diesem Buch dargestellte Konzentrationstrainings-Programm ist als ein wesentlicher Baustein innerhalb eines komplexen Therapieprogramms für hyperkinetische Kinder anzusehen, da es die Modifizierung der drei Kardinalsymptome *Konzentrationsstörung, Impulsivität* und *motorische Unruhe* beinhaltet.

Verlauf und Prognose

Unbestreitbar gibt es beim Hyperkinetischen Syndrom eine hohe Rate an Selbstheilungen. Das belegen die vielen Eltern, die in der Sprechstunde angeben, früher selbst hyperkinetisch gewesen zu sein, aber keiner Behandlung zugeführt wurden.

Andererseits ist auch das Vorkommen einer anhaltenden Störung nicht unerheblich. So ist bei einem Drittel der Patienten, bei denen im Kindesalter ein Hyperkinetisches Syndrom bestand, im Erwachsenenalter die Diagnose noch sicher zu

Behandlungsmöglichkeiten für hyperkinetische Kinder	
Elternberatung, Elterntraining	Gesprächspsychotherapie
Entspannungstechniken: – Autogenes Training – Progressive Muskelrelaxation – Konzentrative Entspannung	Verhaltenstherapie: – allgemeine Techniken, – Sportpsychotherapie – Konzentrationstrainings-Programme
– psychomotorische Übungsbehandlung – Bewegungserziehung nach Frostig – rhythmische Gymnastik – rhythmisch-psychomotorische Musiktherapie	– sensorische Integrationsbehandlung – Formen der Kreativtherapie – Schwimmen, – Reiten und Voltigieren – Ergotherapie
– Familientherapie – Psychodrama	– analytische Kindertherapie – klientzentrierte Spieltherapie
– diätetische Therapien	– Pharmakotherapie

stellen. Patienten mit der Diagnose Hyperkinetisches Syndrom haben im Allgemeinen mehr Probleme unter Alltagsbelastungen, mehr Schwierigkeiten in Schule und Ausbildung und später geringeren beruflichen Erfolg. Die Kopplung an aggressives Verhalten stellt ein erhöhtes Risiko für die Entstehung von delinquentem Verhalten im Jugend- und frühen Erwachsenenalter dar (PETERMANN und WARSCHBURGER 1993).

Dies unterstreicht einmal mehr, dass die Wirksamkeit des sozialen Umfelds nicht unterschätzt werden darf. Es muss dem Betreffenden auf jeden Fall Möglichkeiten der Selbstbestätigung, der Stärkung des Selbstwertgefühls geben, sodass er seine Störung annehmen und schließlich kompensieren lernt. Eine angemessene Schulbildung, aber auch eine seinen Fähigkeiten entsprechende Vorbereitung auf den Beruf und eine befriedigende berufliche Tätigkeit sind hierfür wichtige Voraussetzungen. Eine rechtzeitige und am individuellen Fall orientierte Therapie und Förderung ist deshalb von großer Wichtigkeit.

MROCHEN und KERKHOFF (1994) weisen darauf hin, dass sich bestimmte negative Merkmale der betroffenen Kinder unter günstigen Bedingungen im Erwachsenenalter sogar in persönliche Stärken umwandeln können. So könne aus Unersättlichkeit Ehrgeiz, aus Ablenkbarkeit und Sprunghaftigkeit Kreativität, aus Überaktivität Produktivität, aus Impulsivität Lebendigkeit und Spontaneität werden.

Konzentration und Schulerfolg

»Reiner müsste sich besser konzentrieren, dann wären seine Zensuren besser«; »Jörg folgt leider nicht genügend aufmerksam dem Unterricht, weshalb seine Leistungen sehr unterschiedlich sind«; »Maik kann seine gute Denkfähigkeit nicht nutzen, da er im Unterricht oft abwesend ist, nicht weiß, worüber gesprochen wird, und ständig durch Faselfehler auffällt« – diese und ähnliche Schulbeurteilungen kennen Lehrer, Eltern, Psychologen und Ärzte sehr gut. Sie bezeugen, dass zwischen konzentrativem Verhalten und Schulbewährung ein enger Zusammenhang gesehen wird.

Obwohl es als allgemein gesichert gilt, dass das Leistungsniveau der Kinder vorrangig von deren intellektuellem Potenzial bestimmt wird, hat auf dessen Umsetzung in tatsächliche schulische Leistungen die Konzentrationsfähigkeit einen bedeutsamen Einfluss (RÖSLER 1970; MEYER-PROBST 1984).

Bereits HETZER und TENT (1967) wiesen auf die Bedeutung der »willentlichen Schulreife« hin. Mit dem »Verständnis für fremd gestellte Aufgaben« und dem »Bemühen, die Aufgabe bis zur Erledigung durchzuführen« meinen sie genau das, was wir unter Konzentrationsfähigkeit verstehen. Der willentlichen Schulreife messen sie eine große Bedeutung für den späteren Schulerfolg bei. Aufgaben, die diese Fähigkeiten ansprechen wie »Randverzierung«, »Gegenstände wiedererkennen« und »Zuordnung« korrelieren mit Schulnoten zu 0,54, 0,39 beziehungsweise 0,49 (bei n = 196) und haben damit eine erhebliche prognostische Bedeutung.

ETTRICH (1985) konnte anhand einer Schulanfängerstichprobe (n = 462) nachweisen, dass die Beurteilung der konzentrativen Fähigkeiten durch Erzieherinnen mit dem erwarteten Schulerfolg mit 0,63 und der tatsächlichen Schulbewährung am Ende der ersten Klasse mit 0,50 korrelierte und sich damit nicht wesentlich andere prognostische Aussagen als die Beurteilung der intellektuellen Fähigkeiten der Schulanfänger mittels BINET-SIMON-KRAMER-Test (0,60) ergaben. Gerade dieses Ergebnis verdeutlicht, dass es notwendig ist, bereits im Vorschulalter unser Augenmerk auf die konzentrativen Fähigkeiten der Kinder zu lenken. Eine frühe Diagnose von Konzentrationsstörungen ist möglich und eine rechtzeitige Therapie notwendig, damit diese nicht erst im Schulalter wegen ihrer ungünstigen Auswirkungen auf das Leistungsverhalten und die Persönlichkeitsentwicklung der Kinder zu einem tief greifenden Problem werden. LEITNER (1996) formuliert es so: »Wenn Aufmerksamkeits- und Konzentrationsleistungen eine wichtige Rolle für schulisches Lernen in jedem Stadium der Schullaufbahn spielen, dann kommt ihnen am Anfang dieses Weges auch deshalb besondere Bedeutung zu, weil Konzentrationsminderleistungen in der Folgezeit weitere Probleme nach sich ziehen, vor allem kumulative Lerndefizite, weshalb später die damit interagierenden Lernschwierigkeiten nicht mehr nur allein durch eine Verbesserung der Konzentrationsleistungen behoben werden können.«

WAGNER (1977) wies darauf hin, dass besonders beim durchschnittlich intelligenten Kind gute Konzentrationsleistungen den Schulerfolg positiv beeinflussen, dass durch gute konzentrative Fähigkeiten intellektuelle Schwächen im Schulunterricht zum Teil kompensiert werden können. Eine Verbesserung der Konzentrationsleistungen könnte damit einem großen Teil der Schüler bei der Steigerung ihrer schulischen Leistungen helfen. Bemühungen um die Therapie von Konzentrationsstörungen im Vorschulalter kommt deshalb erhebliche praktische Bedeutung zu.

Therapie von Konzentrationsstörungen

Trends in der Psychotherapie von Konzentrationsstörungen

Die nachfolgenden Überlegungen zielen darauf ab, Trends in der Psychotherapie von Konzentrationsstörungen aufzuzeigen. Es geht uns ferner auch darum, unser Konzentrationstrainings-Programm in das Spektrum psychotherapeutischer Methoden einzuordnen.

Erinnert sei vorab daran, dass Methoden zur Beeinflussung von Verhalten und Erleben auf kommunikativem Wege unter Verwendung spezifischer Interventionen (z. B. Sprache, Spiel, Training) zum Zweck der Heilbehandlung als Psychotherapie bezeichnet werden.

Analysieren wir allgemeine Tendenzen auf dem Gebiet der Kinderpsychotherapie, so können wir zwei Entwicklungswege hervorheben:

1. Es zeigt sich die Tendenz, den engen Zirkel von Patient – Therapeut oder Eltern – Therapeut im Behandlungssetting zugunsten einer interaktionsbezogenen Betrachtungsweise, die gleichzeitig Patient, Eltern, Therapeut und Institutionen einbezieht, aufzulösen. Diese komplexe Vorgehensweise verspricht bei der Behandlung von Verhaltensstörungen, Neurosen und Psychosen einige Vorteile, da etwa Probleme der Stigmatisierung, Schuldzuweisung besser beherrscht werden können.

2. Wir finden die Tendenz, immer störungsspezifischere Behandlungsprogramme und Trainingsmethoden zu entwickeln.

Beispielsweise wurde von MUCHA (1979) ein Trainingsprogramm zur Förderung der sozialen Handlungskompetenz bei Kleinkindern vorgestellt.

DÖPFNER, SCHLÜTER und REY (1981) gestalteten ein Kompetenztraining für selbstunsichere Kinder.

KAMMERER, SCHAFER und MACK (1981) konzipierten ein Therapieprogramm zur Reduzierung kindlicher Ängste vor dem Zahnarzt.

PETERMANN und PETERMANN (1982) entwickelten ein Programm zur Beeinflussung aggressiven Verhaltens von Kindern.

1986 und 1988 erschienen von BARCHMANN, ETTRICH, KINZE und RESCHKE die ersten beiden Auflagen des KTP für Schulkinder.

LAUTH und SCHLOTTKE legten 1995 ein Programm zum Training mit aufmerksamkeitsgestörten Kindern vor, in welches nach Rücksprache mit unserer Arbeitsgruppe auch einige Aufgaben des in den 80er Jahren von uns entwickelten KTP Eingang fanden.

Soweit einige Beispiele, die diesen Trend in der Kinderpsychotherapie belegen sollen.

Die Gestaltung spezieller Trainingsprogramme ist verbunden mit einer Trendwende innerhalb verhaltenstherapeutischer Behandlungstechniken. Sie besteht einmal darin, dass einfache Therapietechniken, die auf der ausschließlichen Wirkung positiver oder negativer Verstärker beruhen, in komplexere Therapieprogramme integriert werden. Wir beobachten dabei, dass die Erkenntnisse der Entwicklungspsychologie verstärkt in die Gestaltung von Therapieprogrammen direkt einbezogen werden. Beispielsweise wurde die Einbeziehung von Selbstkontrolltechniken in solche Therapieprogramme nur über die Auswertung entsprechender Forschungen zur Entwicklung der Handlungssteuerung beim Kind möglich.

Ferner haben sich auch persönlichkeitspsychologische Grundpositionen in der Therapie des Kindes durchgesetzt, die das Kind, den kindlichen Patienten nicht mehr ausschließlich als abhängiges, der Verhaltensformung bedürftiges Wesen betrachten. Das Kind wird in seiner Subjekthaftigkeit erlebt, die Fähigkeit zur aktiven Umweltauseinandersetzung wird entsprechend in den Therapiekonzeptionen stärker betont. Diese Ansätze zur Behandlung konzentrationsgestörter Kinder können als Übungsanleitungen für das Erlernen eines aufgabenorientierten Arbeitsverhaltens betrachtet werden, wobei solche Techniken wie Reizdiskriminierung, Modelllernen, Fremdverstärkung, Selbstbeobachtung, Selbstbewertung, Selbstinstruktion miteinander kombiniert werden.

Die konsequente Übung des Zielverhaltens ist aber nicht nur auf die Veränderung eines bestimmten Fehlverhaltens beschränkt, sondern sie ist eine wesentliche Voraussetzung für umfassendere Persönlichkeitsveränderungen. Sie ist eine Quelle neuer kognitiver Einsichten für selbstständiges und verantwortungsbewusstes Handeln. Damit sind spezielle Therapieprogramme, die primär zur Behandlung von Konzentrationsstörungen konzipiert wurden, oftmals als Basistherapie anzusehen, die den Zugang zu weiteren therapeutischen Maßnahmen erleichtern.

Bei der Behandlung konzentrationsgestörter Kinder wurden unterschiedliche Ansätze erprobt, die nun kurz referiert werden sollen:

1. CRUICKSHANK u. a. (1961) versuchten, durch extreme Reduzierung der Umweltreize und durch straffe Organisation des Arbeitsverhaltens des Kindes die fehlende innere Struktur des kindlichen Verhaltens zu beeinflussen. Obwohl positive Ergebnisse bei extrem ablenkbaren Kindern zu verzeichnen waren, behinderte die Isolierung der Kinder einen bleibenden Behandlungserfolg.

2. SAFER und ALLEN (1976) gingen einen anderen Weg, indem sie die Konsequenzen der Eltern oder Lehrer auf das Verhalten des Kindes analysierten und Entwürfe eines neuen Umweltverhaltens erarbeiteten. Ferner bezogen sie Verhaltensverträge und Token (siehe S. 77) in die Behandlungskonzeption ein.

3. HEWELLS (1971) stellte ein Stufenprogramm von Lernzielen auf. Das Prinzip der kleinen Schritte im Behandlungsablauf und die Notwendigkeit eines gezielten Übens des adäquaten Verhaltens wurden hier betont.
4. HOSSBACH (1970) überprüfte die Wirkung von Instruktionen auf das Verhalten. Instruktionsgemäßes Verhalten wurde positiv bekräftigt. Im Einzelnen erarbeitete er ein Reaktionsverzögerungstraining und Qualitätstraining.
5. Eine wesentliche Beeinflussung von Trainingsprogrammen erfolgte durch MEICHENBAUM und GOODMAN (1971). Sie zeigten die Bedeutung der kognitiven Selbststeuerung durch inneres Sprechen für die Therapie auf. Zahlreiche Folgeuntersuchungen, so NELSOn und BIRKIMER (1978), haben die Bedeutung der Selbstinstruktionsverfahren für die Behandlung konzentrationsgestörter Kinder nachweisen können.

Weitere Untersuchungen, so KANDELL und FINCH (1978), lassen erkennen, dass die Methodenkombination von verbaler Selbstinstruktion, Modelllernen und Fremdverstärkung optimale Behandlungserfolge verspricht.

6. Aus praktischen Erwägungen mehren sich die Versuche, universell einsetzbare Trainingsprogramme zu erarbeiten und bereits vorhandenes Material zu adaptieren. KÖSTER (1974) erprobte das Montessori-Material und den Frostig-Wahrnehmungs-Versuch für das Konzentrationstraining. Verbesserte Wahrnehmungsstrategien und damit verbesserte Konzentrationsleistungen konnten erzielt werden.

Zusammenfassend sollen aus den genannten Therapieansätzen einige verallgemeinernde Aussagen für den Aufbau von Konzentrationstrainings-Programmen abgeleitet werden:

1. Konzentrationstrainings-Programme sind standardisierte Abfolgen von Handlungsschritten, die den Erwerb von spezifischen Verhaltensweisen der Informationsaufnahme, Informationsverarbeitung und der Vergegenständlichung von Handlungsergebnissen beinhalten.
2. Das Training vollzieht sich in einer Atmosphäre der emotionalen Zuwendung und des einfühlenden Verstehens.

3. Die Trainingseinheiten müssen unterschiedliche Sinnesbereiche ansprechen.
4. Das Trainingsprogramm besteht aus einer hierarchisch gestuften Anforderungsstruktur.
5. Der Schwierigkeitsgrad muss hinsichtlich intellektueller Anforderungen, Dauer der Belastung und Grad der Monotonie variiert werden.

In dem hier vorgelegten Konzentrationstrainings-Programm wurden vorgenannte Aussagen über den allgemeinen Aufbau solcher Behandlungsangebote konsequent verwirklicht.

Kombination von Behandlungsansätzen

Ebenso wie beim Hyperkinetischen Syndrom ist auch bei der Therapie von Konzentrationsstörungen ein mehrdimensionaler therapeutischer Ansatz häufig von besserem und rascherem Erfolg gekrönt als die Anwendung nur einer bestimmten Methode.

Nun müssen wir uns im klaren darüber sein, dass bereits mit dem Einsatz des in diesem Buch vorgestellten Konzentrationstrainings-Programms mehrere methodische Zugangswege beschritten werden und ein ganzes Ensemble therapeutischer Einzelbausteine zur Anwendung kommt: beispielsweise Wahrnehmungstraining, Selbsteinschätzung, Selbstinstruktion, Selbstverbalisation, Erlernen und Üben eines exakten Arbeitsverhaltens, Beeinflussung des kognitiven Stils, Erlernen und Einhalten von Regeln und sozialen Normen.

Dennoch wurde in den vergangenen Jahren von anderen, aber auch von uns und unseren Mitarbeitern versucht, das Konzentrationstrainings-Programm mit anderen eigenständigen Therapiemethoden zu kombinieren, um hierdurch den Therapieeffekt zu optimieren.

Auf einige ausgewählte Möglichkeiten soll nachfolgend kurz eingegangen werden (vgl. ETTRICH 1995):

1. Konzentrationstrainings-Programm und Eltern-, Lehrer-, Erzieherberatung

Es ist unstrittig, dass begleitende Elternarbeit für die Behandlung von Kindern mit einer Konzentrationsstörung notwendig ist, da diese bei den Eltern, Lehrern und Erziehern häufig Schuldgefühle und Versagensängste auslöst. Zweifel an den eigenen erzieherischen Fähigkeiten können die Beziehung zwischen dem Kind und seinen Bezugspersonen ungünstig beeinflussen.

Hier sind Beratungskonzepte erforderlich, die alle Beteiligten befähigen, mit der schwierigen Situation umzugehen.

Ziele der Beratung sind:

- Verdeutlichung des Hilfsangebots,
- nach eingehender Diagnostik Aufklärung über die Diagnose,
- Wecken des Verständnisses für den Unterschied von Nicht-Wollen und Nicht-Können,
- Befähigung zur Mitarbeit als Co-Therapeut,
- Erarbeiten von Techniken der Verhaltensbeobachtung, -beschreibung und -analyse,
- Veranschaulichen und Einüben von Formen der Bekräftigung,
- Vermitteln eines realistischen Bildes über den möglichen und tatsächlichen Therapiefortschritt,
- gemeinsames Erarbeiten von Therapiezielen.

Die theoretische und praktisch-technische Qualifizierung des Beratungsgespräches ist auch im Zusammenhang mit der Behandlung von Konzentrationsstörungen zu nennen, weil dieses ein wesentliches Instrument zur Beeinflussung des Erziehungsmilieus konzentrationsgestörter Kinder darstellt. Es ist hierfür erforderlich, Störungen der Konzentrationsfähigkeit im Kontext von Milieubedingungen noch deutlicher als bisher herauszuarbeiten, um entsprechende milieuspezifische Interventionen etwa bei konzentrationsungewohnten, konzentrationsbeeinträchtigten, unsicheren, überforderten Kindern, konzentrationsgestörten und überreizten Kindern herbeiführen zu können.

Die Beratung kann in relativ freier, aber auch hochstrukturierter Form stattfinden. Gerade bei der Arbeit mit den Bezugspersonen der betroffenen Kinder ist eine gute Zusammenarbeit zwischen ärztlichen und psychologischen Therapeuten außerordentlich wichtig und – wie viele Beispiele aus der Praxis zeigen – auch sehr nützlich. Stets ist bei der Elternberatung konzentrationsgestörter Kinder auch an Geschwisterkinder zu denken, die sich mitunter durch die ständige Beschäftigung mit dem Symptomträger ins Abseits gestellt vorkommen und ihrerseits bestimmte Störungen entwickeln, etwa Depressionen.

Beratung als alleinige Behandlungsmaßnahme wird allerdings recht kontrovers diskutiert (PETERMANN und PETERMANN 1990). Aus eigenem Erleben und gestützt auf eigene Forschungen zu dieser Problematik teilen wir die Bedenken, die gegen die ausschließliche Beratung vorgetragen werden und plädieren für eine Kombination von Beratung und Konzentrationstrainings-Programm.

2. Konzentrationstrainings-Programm und Entspannungstechniken

Die Verwendung von Entspannungstechniken wie Autogenes Training und Progressive Muskelrelaxation bei der Behandlung von konzentrationsgestörten Kindern ist nicht neu. Beide Verfahren versuchen über eine Beeinflussung von Körperfunktionen zur Steigerung von Wohlbefinden und Harmonisierung der Handlungsregulation auf physiologischer Ebene beizutragen. Über diesen Weg sind somit auch positive Auswirkungen auf das Arbeitsverhalten der Kinder zu erwarten und konnten beispielsweise von KRÖNER und LANGENBUSCH (1982) nachgewiesen werden. Besonders gute Erfolge werden bei Kindern beobachtet, die unter emotionalen und vegetativen Spannungszuständen leiden. Der Therapieerfolg bleibt bei alleiniger Behandlung mit Entspannungsverfahren immer dann unzureichend, wenn die Kinder nicht oder nicht ausreichend über »interne Verhaltensprogramme« konzentrativen Arbeitens verfügen.

SCHIFFLER (1987) referierte Erfahrungen mit suggestopädischen Elementen im Rahmen des Unterrichts. Seine Ergebnisse weisen darauf hin, dass besonders lernschwache Schüler in entspannter Atmosphäre ihre Leistungen verbessern können.

FELIX (1988) ging ebenfalls der Frage nach, inwieweit die Integration suggestopädischer Elemente in den Unterricht den Lernerfolg beeinflusst. Auch hier ergab sich, dass die Kinder ihre Leistung steigern konnten.

HOCHMUTH (1992) konnte an einer Gruppe von 200 Kindern zeigen, dass sich durch den Einsatz der Progressiven Muskelrelaxation und des Autogenen Trainings positive Veränderungen auf dem Gebiet der Leistungsbereitschaft und der Konzentrationsfähigkeit nachweisen lassen. Insbesondere die Progressive Muskelrelaxation ist bei den jüngeren Kindern (Vorschulalter und 1. und 2. Schuljahr) mit Konzentrations- und Verhaltensschwierigkeiten hinsichtlich des Therapieeffekts dem Autogenen Training überlegen.

HOCHMUTH verweist darüber hinaus auf eine Verbesserung der Beziehung zwischen Kind und Eltern: »Eltern fungieren nicht nur als Co-Therapeuten zur Erfolgsstütze ihrer Kinder. Sie selbst erreichen Veränderungen bei der Hauptsymptomatik. Sie rücken emotional ihrem Kind näher, bringen Verständnis für Besonderheiten auf und reagieren deutlich belastbarer.«

Eine spezielle Überprüfung des Therapieeffektes des Konzentrationstrainings-Programms und der Progressiven Muskelrelaxation konzentrationsgestörter Grundschulkinder erfolgte durch SCHMIDT (1990) unter stationären Bedingungen. Hier konnte sowohl die Effektivität beider Behandlungsformen für sich als auch ein synergetischer Effekt der Kombination nachgewiesen werden. Das Ergebnis spricht dafür, beide Behandlungsformen in der Praxis zu kombinieren. Ergänzend sei unter Rückgriff auf HOCHMUTH (1992) bezüglich der ambulanten Anwendung auch darauf aufmerksam gemacht, dass bei Anwendung der Progressiven Muskelrelaxation auch Väter leichter als Co-Therapeuten zu gewinnen sind.

FORKER-TUTSCHKUS (1996) und JESCHKE (1996) verglichen Vorschulkinder, die ausschließlich mit dem Konzentrationstrainings-Programm behandelt wurden mit Kindern, bei denen eine Kombination von Konzentrationstrainings-Programm und Progressiver Muskelrelaxation zur Anwendung kam. Bei beiden Applikationsformen verbesserten sich die konzentrativen Leistungen, wobei sich die Kombinationsbehandlung als vorteilhafter erwies.

Eine Kombination von Konzentrationstrainings-Programmen und Entspannungstechniken erscheint uns auch deshalb sinnvoll, weil wir davon ausgehen können, dass konzentrationsgestörte Kinder durch ihre zahlreichen Misserfolge im Sinne einer Sekundärsymptomatik gehäuft unter emotionalen Verspannungszuständen (z. B. Misserfolgserwartungen) leiden, die zusätzlich ein erfolgreiches Handeln behindern.

3. Konzentrationstrainings-Programm und Psychopharmaka

Es hat in den vergangenen Jahrzehnten immer wieder Versuche gegeben, Konzentrationsstörungen mittels medikamentöser Behandlung zu beheben.

Dabei wurden vor allem Medikamente aus folgenden Präparategruppen eingesetzt:

– Psychostimulanzien (z. B. Amphetamine, Methylphenidat),
– Neuroleptika,
– Antidepressiva,
– Lithiumsalze.

In den letzten Jahren wurden vor allem mit Psychostimulanzien bei konzentrationsgestörten und/oder hyperkinetischen Kindern gute Behandlungserfolge erzielt, da sie zum einen die Aufmerksamkeit der Kinder positiv beeinflussen und zum anderen deren motorische Hyperaktivität senken können. Es ist jedoch zu beachten, dass nur ein Teil der Kinder auf Medikamente anspricht, während andere nicht oder nur sehr kurzzeitig profitieren (TROTT 1993). Eine ausschließlich medikamentöse Therapie über längere Zeiträume erscheint aus fachlicher Sicht als einseitig und trägt der Komplexität des Geschehens zu wenig Rechnung. Sie sollte entweder nur kurzzeitig nötig sein oder aber als »Grundsteinlegung« für psychotherapeutische Maßnahmen verstanden, also durch eine entsprechende Psychotherapie zunächst ergänzt und später ersetzt werden.

Dies setzt allerdings sowohl eine interdisziplinäre Sichtweise der am Geschehen wesentlich beteiligten Disziplinen Pädagogik, Psychologie und Medizin voraus als auch eine am Störungsbild orientierte, fachübergreifende Zusammenarbeit.

Es sei an dieser Stelle mit KINZE und BARCHMANN (1991) sowie LEITNER (1996) ganz ausdrücklich betont, dass Kontroversen zwischen Verfechtern der unterschiedlichen therapeutischen Herangehensweisen (Medikament *oder* psychotherapeutisches *oder* pädagogisches Programm) allenfalls geeignet sind, ratsuchende Eltern in Loyalitätskonflikte zu stürzen und die betroffenen Kinder der Möglichkeit komplexer Interventionsstrategien zu berauben.

Um die Effektivität des hier vorgelegten Konzentrationstrainings-Programms (KTP) zu objektivieren und zugleich die Möglichkeit der Kombination mit medikamentöser Behandlung zu überprüfen, wurden seinerzeit von unserer Arbeitsgruppe insgesamt 248 Kinder der 1. bis 4. Grundschulklassen, die sich wegen erheblicher Konzentrationsprobleme in kinderpsychiatrischer Behandlung befanden, untersucht.

Alle Kinder wurden jeweils ein halbes Schuljahr stationär kinderpsychiatrisch behandelt und lehrplangerecht unterrichtet. Innerhalb des gesamten Therapieprogramms erfolgte nach Zufallszuordnung eine Aufteilung in unterschiedliche Therapiegruppen – alleiniges KTP, tgl. 10 mg Aponeuron, tgl. 0,9 – 1,2 mg Haloperidol oder Placebo sowie Kombinationen von Aponeuron oder Haloperidol mit dem KTP (KINZE, BARCHMANN, ETTRICH und HANDREG 1984, KINZE, BARCHMANN und ETTRICH 1985, 1986 sowie KINZE und BARCHMANN

1991). Beim Aponeuron handelte es sich um ein Präparat aus der Gruppe der Amphetamine.

Die Ergebnisse der umfangreichen klinisch-psychologischen Untersuchungen lassen sich zusammenfassend folgendermaßen darstellen:

Das KTP bewirkt eine Verbesserung der Leistungsgüte, also eine Verringerung der Fehlerzahl in der Einzelsituation bei gleichzeitig etwas erhöhtem Zeitbedarf, bei schulrelevanten Aufgaben in der Gruppenarbeit ergaben sich Qualitätsverbesserungen ohne quantitative Einbußen. Im Verhalten schätzen sich die Kinder nach dem KTP in der Tendenz als weniger ängstlich und weniger neurotisch ein, während sie von ihren Lehrern als erzieherisch etwas schwieriger führbar beurteilt werden.

Die morgens vor Schulbeginn verordneten 10 mg (= 1 Drg.) Aponeuron führten zu einem quantitativen Leistungszuwachs, also einer erhöhten Leistungsmenge und einem verringerten Zeitbedarf. Die Leistungsgüte wurde nur insofern verbessert, als trotz gestiegener Quantität die Fehlerrate nicht zunahm. Im Selbstbild der Kinder verringerten sich die Faktoren Angst und Neurotizismus. Im Sozialverhalten wurden jedoch die mit Aponeuron behandelten Kinder von den Lehrern als auffälliger eingeschätzt.

Das zur Dämpfung von affektiver Störbarkeit und psychomotorischer Unruhe eingesetzte, niedrig dosierte Haloperidol (3x3 Tropfen tgl.) hatte auf die Konzentrationsleistungen einen eher ungünstigen Effekt. Im Vergleich zur Placebo-behandelten Kontrollgruppe stiegen die Fehlerzahlen sowohl in der Einzel- als auch in der Gruppensituation leicht an, zugleich kam es zu einem Absinken der Leistungsmenge. Im Selbstbild veränderten sich die mit Haloperidol behandelten Kinder nicht, im Lehrerurteil erwiesen sie sich jedoch als sozial angepasster und weniger motorisch unruhig.

Die *Kombinationsbehandlung* mit dem KTP ergab bei Aponeuron eine sinnvolle Ergänzung des quantitativ steigernden Aponeuron-Effektes mit der die Leistungsqualität verbessernden Wirkung des KTP, ohne dass sich die nach dem Lehrerurteil ungünstigen Auswirkungen auf das Sozialverhalten zeigten. Durch die Kombination mit dem KTP ließen sich die Leistungseinbußen, die durch das Haloperidol bewirkt wurden, kompensieren, ohne dass die anpassungsfördernden Wirkungen des Medikamentes wesentlich beeinträchtigt wurden.

Die Größenordnungen der erreichten Veränderungen sind psychodiagnostisch objektivierbar.

Für die klinische Praxis ist zu schlussfolgern, dass eine medikamentöse Therapie sinnvollerweise durch übende Verfahren zu ergänzen ist, da hierdurch qualitative Leistungsverbesserungen erreichbar sind und letztlich die Leistungsgüte das entscheidende Kriterium für den Schulerfolg darstellt.

Die eigenen Untersuchungen und eine Vielzahl anderer Publikationen (EICHLSEDER 1987; STEINHAUSEN 1995; MARTINIUS 1984; NISSEN 1987) betonen, dass konzentrationsgestörten Kindern am besten zu helfen ist, wenn die Interventionen auf der Basis der Erkenntnisse von Psychologie, Medizin und Pädagogik aufeinander abgestimmt sind.

Aufbau des Konzentrationstrainings-Programms (KTP) im Vorschulalter

Das vorliegende Konzentrationstrainings-Programm besteht aus einer Serie von Aufgaben für 20 Tage. Art und Durchführung der einzelnen Aufgaben sind im jeweiligen Tagesprogramm mit genauen Instruktionen für den Therapeuten festgelegt, einschließlich einer Punktebewertung. Das verwendete Material entstammt einerseits dem handelsüblichen Sortiment an Kinderspielzeug (Perlen, Puzzle, Memory) sowie an Spiel- und Beschäftigungsmaterial (Legestäbchen, Legetäfelchen, Bildkarten). Andererseits besteht es aus selbst angefertigten Arbeitsblättern, die in einem Arbeitsheft vereinigt sind, wovon jedem Teilnehmer am Training eins gehört, was durch Hineinschreiben seines Namens in der ersten Trainingsstunde kenntlich gemacht wird. Das Heft verbleibt während des gesamten Trainings beim Therapeuten, erst nach der letzten Trainingsstunde darf es mit nach Hause genommen werden.

Die im Tagesprogramm genannten Bezugsquellen für bestimmte Arbeitsmaterialien sollten lediglich als Empfehlungen verstanden werden. Es ist durchaus möglich, andere, ähnliche Materialien zu verwenden. Die Intention der Beschäftigung im Sinn eines konzentrierten Arbeitsverhaltens hat Vorrang vor einem konkreten Material.

Die Durchführung des Trainings erfolgt jeweils über 45 Minuten für Schulkinder und 35 Minuten für Vorschulkinder zu möglichst konstanten Tageszeiten durch Ärzte, Psychologen, Sonderpädagogen oder Beratungslehrer mit kleinen Gruppen von drei bis fünf (optimal vier) Kindern gleicher Altersstufe.

Bei sehr jungen und/oder besonders unruhigen Kindern kann es sich als zweckmäßig erweisen, das Training mit zwei oder drei Einzelsitzungen zu beginnen, um dann sukzessiv die Gruppe aufzubauen. Zu beachten ist dabei allerdings, dass grundsätzlich und von Anfang an eine Motivation in Richtung Gruppentraining erzeugt wird.

Für Eltern, die das Konzentrationstrainings-Programm mit ihren Kindern selbst durchführen wollen, empfiehlt sich eine vorherige Beratung mit einem Therapeuten, um individuelle Schwerpunkte festzulegen und initiale Fragen zu klären. Auch während der Durchführung des Trainings durch Eltern ist die Möglichkeit des regelmäßigen Kontakts mit einem Therapeuten zu gewährleisten.

In stationären Einrichtungen ist ein Training am Vormittag anstatt einer Beschäftigung zu empfehlen, um eine zusätzliche Belastung für die Kinder zu vermeiden. Unter ambulanten Bedingungen ist es am zweckmäßigsten, zwei Übungsstunden wöchentlich am Nachmittag durchzuführen.

Die gestellten Aufgaben sind vielseitig, abwechslungsreich und stellen Anforderungen an die verschiedensten Sinnesbereiche. Der Grad ihrer Komplexität wächst im Verlauf des Trainings an. Zunächst werden in einer Stunde 3, dann nur noch 2, jedoch entsprechend längere und schwierigere Aufgaben gestellt. Der Abstraktionsgrad der Aufgaben ist ansteigend. Damit wird auch der anfangs mehr spielerisch betonte Charakter zunehmend abgelöst von Problemstellungen, die wesentlich mehr Anstrengungsbereitschaft, insbesondere in puncto Durchhalten und Abwarten-Können erfordern.

Zum Repertoire gehören Suchbilder, Perlenfädeln (große und kleine Perlen, Auffädeln mit offenen und verbundenen Augen), Labyrinthe, Durchstreich- und Ergänzungsübungen, Bildvergleiche, Gedächtnisübungen (Kofferpacken, Einkaufen gehen, Memory), Puzzlespiele und im Schulalter Kopfrechnen. In den ersten Trainingstagen wird zum Erwerb einer adäquaten Arbeitshaltung wiederholt auf denselben Aufgabentyp unter Variation von Einzelmerkmalen zurückgegriffen, beispielsweise Perlenfädeln nach Muster, Perlenfädeln mit verbundenen Augen, Bildvergleiche mit unterschiedlichen Abstraktionsgraden, Merkübungen mit akustischer und optischer Aufgabendarbietung.

Alle Instruktionen im KTP orientieren vorwiegend auf die Qualität der Arbeit. Die Gesamtbearbeitungszeit ist stets recht tolerant vorgegeben, damit die Kinder ohne Zeit- und Leistungsdruck arbeiten können. Das dennoch bestehende Zeitlimit dient vorwiegend der Vermeidung von »Nebentätigkeiten«. Im Vorschulalter wurde auf die Vorgabe von Zeitwerten für die einzelnen Aufgaben gänzlich verzichtet, um dem Therapeuten genügend Variationsmöglichkeiten zu eröffnen.

Zur selbstständigen Arbeitsorganisation erhalten die Kinder Rückmeldungen über die noch zur Verfügung stehende Zeit in beschreibender Art (»Jetzt müsst ihr etwa die Hälfte geschafft haben«). Bei Kopfrechenaufgaben werden die Kinder direkt zur Antwortverzögerung angehalten; jede Aufgabe darf nur einmal gestellt werden, die Kinder haben nur eine Antwortmöglichkeit, aber keine zeitliche Begrenzung.

Bei manchen Aufgaben vor allem gegen Ende des Trainings-Programms kann die Trainerrolle zeitweise an ein Kind übertragen werden, um durch diesen Perspektivenwechsel das Einfühlen in andere Personen und deren Rollen zu fördern. Hier ist dann eine Nachbesprechung zu Verhalten und Erleben unerlässlich.

Jede Trainingsstunde beginnt mit einer kurzen Retrospektive, vorrangig den letzten Trainingstag betreffend. Es wird auf den aktuellen Punktestand und auf die am letzten Tag erzielten Punkte eingegangen. Typische Probleme des Arbeitsverhaltens, speziell die Gegenüberstellung extremer Arbeitsweisen und entsprechender Ergebnisse werden in der Gruppe besprochen, es wird auf Erfahrungen von bereits durchgeführten Aufgaben aus der Sicht der aktuellen Problemstellung eingegangen. Die qualitätsorientierte Arbeitsweise steht im Mittelpunkt aller Betrachtungen.

Jedes Kind sollte grundsätzlich dazu angehalten werden, zu Beginn einer jeden Trainingsstunde einzuschätzen, wie viel Punkte es heute erreichen wird. Über diesen Weg sollen die

Kinder zu einer realistischen Selbsteinschätzung geführt werden. Anfangs ist zu beobachten, dass die Kinder sich im Allgemeinen überschätzen und die Kluft zwischen Wollen und Können relativ groß ist. Nach etwa vier bis fünf Sitzungen beginnt sich im Allgemeinen ein Wandel hin zu realistischeren Selbsteinschätzungen abzuzeichnen.

Nach jeder bearbeiteten Aufgabe erfolgt eine kurze Auswertung sowie eine Punktevergabe. Die Einzelergebnisse werden besprochen, dabei wird auf Besonderheiten hingewiesen; die Kinder tragen danach für jede Aufgabe ihre Punkte selbst in das am Ende des Arbeitsheftes befindliche Überblicksblatt ein. Die dabei entstehende Pause sollte betont kurz gehalten werden und vor allem dem Motivationsaufbau für die folgende Aufgabe dienen. Es empfiehlt sich nicht, zwischen den einzelnen Aufgaben einer Trainingseinheit »Bewegungsspiele« durchzuführen, hier kommen allenfalls Entspannungsübungen in Frage (ein kurzes Spiel mit mehr motorischen Aktivitäten ist eventuell am Ende der Einheit sinnvoll, sofern die Zeit dafür ausreicht).

Nach Abschluss einer Trainingsstunde werden die Einzelpunkte summiert und der tägliche Gesamtpunktwert in die Übersicht eingetragen. In der Nachbesprechung werden die erreichten Werte aller Kinder vorgelesen und besondere Einzelergebnisse diskutiert. Dabei kommt es darauf an, die Aktivität der Kindergruppe herauszufordern.

Nach 10 Trainingstagen erfolgt eine erste Bewertung des Gesamtpunktestandes. Zu Beginn des Trainings ist gemeinsam ein zu erzielender Richtwert festzulegen (60 – 80 % des Gesamtpunktwerts). Ist dieser erreicht, können die Kinder an einer kleinen Extraveranstaltung teilnehmen, die ebenfalls im Voraus nach den Wünschen der Kinder festgelegt wird. Es ist anzustreben, dass alle Kinder dieses Ziel erreichen, das in erster Linie der Motivation dient.

Für die Trainingstage 11 bis 20 wird dann eine neue »Zielprämie« vereinbart, die in den Augen der Kinder größere Attraktivität besitzt (z. B. Gartenfest mit Lagerfeuer, Bratwurstessen und verschiedene Spiele usw.).

Die erhöhte »äußere« Motivation ist für die geplante Fortführung des Trainings notwendig, da der Anforderungscharakter der Aufgaben steigt.

In allen Fällen, in denen das KTP nicht vom Schulpsychologen oder vom Beratungslehrer durchgeführt wird, ist eine Kontaktaufnahme zum Klassenleiter bereits vor Beginn des Trainings zweckmäßig, um mit diesem gemeinsam zum einen das Ausgangsverhalten des Kindes zu analysieren und zum anderen die Ziele des KTP und die möglicherweise unter dem Training zu registrierenden Verhaltensänderungen des Kindes zu besprechen. Während des gesamten Trainings ist es wichtig, die Verbindung zum Lehrer aufrechtzuerhalten, eventuell ist er in die Zwischenauswertung, auf alle Fälle jedoch in die Endauswertung einzubeziehen.

Therapeutische Prinzipien

Grundsätzliches

Ausgangspunkt des therapeutischen Vorgehens sind verhaltenstherapeutische Grundüberlegungen, die darauf zielen, die Reduktion inadäquaten mit gleichzeitigem Aufbau adäquaten Verhaltens zu kombinieren.

Aus diesem Grund sei diesem Kapitel die Erklärung einiger verhaltenstherapeutischer Fachtermini in alphabetischer Ordnung vorangestellt.

Aversive Kontrolle
Damit ist gemeint, dass durch Bestrafung ein inadäquates Verhalten abgebaut werden kann. Bestrafung ist hier mehr im »technischen Sinne« zu begreifen.

Entzug positiver Verstärker
Rücknahme von positiven Verstärkern durch den Therapeuten (z. B. Rückgabe von ⇨ Token, über die das Kind bereits verfügt). Diese Technik sollte sehr vorsichtig gehandhabt werden.

Fading
(schrittweiser) Rückzug des Therapeuten von der unmittelbaren Hilfestellung, um dem Kind selbstständiges Handeln zu ermöglichen.

Impulsivität/Reflexivität
Mit dem kognitiven Reaktionsstil Impulsivität/Reflexivität

werden individuelle Besonderheiten des Entscheidungsverhaltens beim Problemlösen beschrieben. Impulsives Verhalten ist gekennzeichnet durch: rasches Ansprechen auf äußere Reize, Vernachlässigung inneren Handelns, Wahl beliebiger Hypothesen bei ungenügender Berücksichtigung ihres Wahrscheinlichkeitsgrades, Handeln ohne sorgfältige Reflexion und unüberlegte Entscheidungen. Dem reflexiven Reaktionsstil entspricht dagegen besonnene interne Hypothesenprüfung sowie überlegtes, abwägendes und bedachtsames Entscheiden.

Konditionierungsprinzipien
Theoretische Grundannahmen über das Erlernen von Verhaltensweisen. Mit »klassischem Konditionieren« (PAWLOW) wird die Bildung bedingt reflektorischer Verbindungen zwischen ursprünglich neutralen Reizen und einer Reaktion verstanden. Im Unterschied dazu gehen instrumentelles (THORNDIKE) beziehungsweise operantes (SKINNER) Konditionieren davon aus, dass Verhaltensweisen über die Verknüpfung von Reaktionen und Konsequenzen erlernt werden. Konditionierungsprinzipien beschreiben wesentliche Grundformen des Lernens. Menschliches Lernen lässt sich jedoch nicht darauf reduzieren.

Modelllernen
Aneignung neuer Verhaltensweisen über die Beobachtung des Verhaltens anderer und der Konsequenzen, die diesem Verhalten folgen. Die Wirksamkeit des Modelllernens in der Psychotherapie wird von der Identifikationsbereitschaft des Kindes mit dem »Modell« stark beeinflusst.

Negative Verstärkung
Gemeint ist, dass eine unangenehme Verhaltenskonsequenz, die mit der Ausführung des Verhaltens verbunden ist, entfernt wird. Dadurch erhöht sich die Auftrittswahrscheinlichkeit des erwünschten Verhaltens.

Positive Verstärkung
Hier handelt es sich um Konsequenzen auf ein Verhalten, die belohnenden Charakter für das Kind haben. Durch positive Verstärkung werden Verhaltensweisen verfestigt und ihre Auftrittswahrscheinlichkeit erhöht sich.

Prompts
Damit sind Hilfestellungen durch den Therapeuten gemeint, die dem Kind ein korrektes Ausführen des Verhaltens beziehungsweise von Verhaltenselementen ermöglichen.

Selbstinstruktionstraining
Eine von MEICHENBAUM entwickelte Behandlungsmethode, die darauf abzielt, die Fähigkeit zur eigenständigen Strukturierung einer Handlung zu erhöhen, um damit effektiveres Verhalten zu ermöglichen.

Selbstverbalisation
Hier sowohl Technik des Selbstinstruktionstrainings als auch Fähigkeit des Kindes, sich das »Was und Wie« des eigenen Tuns zu vergegenwärtigen, das eigene Verhalten während der Ausführung durch Selbstanweisungen zu steuern und das Ergebnis bewusst zu kontrollieren.

Shaping
Hierunter versteht man den Aufbau komplexer Verhaltensweisen durch Verstärkung von Verhaltenselementen, die bereits in Richtung auf das angestrebte Verhalten weisen.

Therapeut-Kind-Beziehung
Tragende Grundlage der Beziehung zum Kind sind mitmenschliche Wärme, Annehmen des Kindes wie es ist, Erkennen von Gefühlen des Kindes, Förderung von Gefühlsäußerungen beim Kind und Reflexion von Gefühlen. Darüber hinaus sind als spezifische Elemente der Therapeut-Kind-Beziehung bei verhaltensformenden Techniken wie dem KTP

anzusehen: gemeinsame Definition von Lernzielen, Vermittlung spezifischer Verhaltensmuster, Anregung einer eigenständigen Verhaltenskontrolle, konsequente Produktion von Modellverhalten.

Token
Dieses Wort lässt sich mit »Eintauschverstärker« umschreiben. Bei Erreichen einer vereinbarten Anzahl von Token (z. B. Punkte für angemessenes Verhalten) werden diese in einen vom Kind selbst gewählten oder vorher vereinbarten Verstärker (materielle Belohnung, soziale Aktivität) eingetauscht.

Tokensystem
Mit dem Kind vereinbartes Verstärkersystem (z. B. Punktbewertung im KTP), um ein bestimmtes Verhaltensmuster zu erreichen.

Im praktischen Vorgehen wird zunächst versucht, den Kindern zu verdeutlichen, dass oberflächliches und flüchtiges Arbeiten zu fehlerhaften Lösungen führt, und ihnen zugleich das Zutrauen zu vermitteln, dass diese Probleme durch eigene Leistungsmöglichkeiten zu lösen sind, dass ein entsprechendes Vorgehen erlernbar ist und ihnen dabei geholfen werden kann. Ein kritischer, selbstreflektierender Bezug der Kinder zur eigenen Arbeitsweise im Sinne eines echten Problembewusstseins ist in dieser Altersgruppe kaum erreichbar. Es ist jedoch möglich, den Kindern anhand konkreter Beispiele die Ursachen eigener Fehler und Leistungsschwierigkeiten zu zeigen und ihnen bei der Selbstkorrektur zu helfen. Dazu werden Übungen angeboten, die intellektuell nicht schwierig sind, aber zu ihrer Lösung Aufmerksamkeit und aktive Bemühungen erfordern. Von Anbeginn wird besonderer Wert auf die Qualität der Arbeit gelegt, auf die Nutzung von Zeitreserven für die Aufgabenlösung und die selbstständige Kontrolle der Ergebnisse. Nicht der Wettkampf darf im Vordergrund stehen, sondern die stetige sorgfältige und überlegte Lösungsbemühung unter Ausnutzung der vorgegebenen Zeit. Das verhaltenstherapeutische Methodenrepertoire wird zum Erwerb dieser neuen Arbeitshaltung eingesetzt.

Vor allem in der Anfangsphase des Trainings werden graduelle Annäherungen des gezeigten an das gewünschte Verhalten vom Trainer im Sinne des Shaping gezielt verstärkt, auch wenn nur geringgradige Veränderungen bezüglich des Therapiezieles erreicht wurden. Individuelle Hilfestellungen und konkrete Hinweise des Trainers – Prompts – nehmen zunächst einen großen Umfang ein, zunächst ist erst einmal an die Bearbeitung fremd gestellter Aufgaben heranzuführen. Über eine großzügige Punktebewertung (Tokensystem) wird versucht, die Kinder »von außen« zusätzlich und unabhängig vom Trainer zu bekräftigen und zu motivieren. Allmählich und nuanciert eingeleitet, erlangen auch kritische Bemerkungen des Trainers als Form aversiver Kontrolle zunehmende Bedeutung für die Verhaltenssteuerung, speziell bei wiederholt fehlerhaftem Arbeiten. Der Kombination von positiver Verstärkung und aversiver Kontrolle kommt auch bei der Fehleranalyse der täglichen Auswertung der Arbeitsweise und der Arbeitsergebnisse entscheidende Bedeutung zu.

Im weiteren Verlauf des Trainings erfolgt dann bei zunehmender Festigung des gewünschten Verhaltens ein langsames Ausblenden der ausdrücklichen Bestätigungen durch den Trainer nach Art des Fading. Besonders in der zweiten Trainingsperiode steht ein mehr und mehr eigenständiges Handeln im Vordergrund. Auch die Punktebewertung wird strenger gehandhabt; es gelingt nur noch selten, alle Punkte an einem Trainingstag zu erlangen. Es wird der realistische Bezug zur Aufgabe und zur eigenen Arbeitsweise angestrebt, was auch die adäquate Verarbeitung von Misserfolgserlebnissen einschließt.

Das beschriebene Punktesystem und die positiven und negativen sozialen Bekräftigungen seitens des Trainers entsprechen einer Kombination von Verstärkerplänen, die einerseits intermittierend direkte und individuelle Hinweise für das Kind, andererseits die kontinuierliche Punktebewertung umschließen. Der gleichsam objektive Charakter der Punktevergabe trägt außerdem entscheidend dazu bei, interpersonale Spannungen zwischen Therapeuten und bewertetem Kind vermeiden zu helfen. Durch das Punktesystem wird jedoch keine pädagogische Zensierung angestrebt; aktuell notwendige Modifikationen für optimale Verstärkerprozeduren sind möglich.

Bei aktiv störendem Sozialverhalten eines Patienten, welches die Weiterarbeit der gesamten Gruppe behindert, kann auch auf den Entzug positiver Verstärker als aversive Technik zurückgegriffen werden. Es bietet sich hierzu der Abzug von einmal erlangten Punkten an. In der Tagesbewertung sollte dies speziell vermerkt und verrechnet werden. Dieses Vorgehen erweist sich auch bei Kindern mit stark gestörtem Sozialverhalten bei gezielter und dosierter Anwendung als nachhaltig wirksam.

Wichtig sind ebenfalls Bestandteile des Selbstinstruktionstrainings bzw. der Selbstverbalisation, wie sie von MEICHENBAUM (1979) zusammenfassend dargestellt wurden. Grundsätzliche Prinzipien wurden im vorliegenden Programm übernommen; gegebene Ergänzungen und Hilfestellungen waren bei der Arbeit mit verhaltensauffälligen Kindern von besonderem Wert. Es ist wichtig, den Kindern einen systematischen Arbeitsstil zu vermitteln, was ihnen anhand von vier Teilschritten nahe gebracht werden soll. Deren bewusste Anwendung wird unter anderem über die Prinzipien der Selbstverbalisation zu festigen versucht:

1. *Problembestimmung* – Was soll ich tun?, z. B. »Unterschiede zwischen zwei Bildern herausfinden«.
2. *Art der Ausführung* – Wie soll ich es tun?, z. B. »Teil für Teil der Reihe nach vergleichen«.
3. *Aufgabenbezogene Selbstanweisung* – z. B. »Sieht dieser Baum genauso aus wie jener Baum?«
4. *Selbstständige Überprüfung der Ergebnisse* – z. B. »Ist alles richtig? Fehlt nichts?«

Besonders zu Beginn des Trainings werden konkrete Fragen des Trainers zu den Programmschritten gestellt. Das selbstinstruierende Vorgehen wird als »Geheimtipp« für erfolgreichere Aufgabenlösungen angeboten, jedoch nicht zur Pflicht erklärt. Entsprechend arbeitende Kinder werden jedoch massiv sozial verstärkt. Es wird in der täglichen Auswertung und Fehleranalyse als »fester Programmpunkt« auf diese Art des Vorgehens eingegangen. Außerdem wird versucht, die Kinder in eine Diskussion über verschiedene Lösungsmöglichkeiten und Arbeitsstile bei unterschiedlichen Aufgaben einzubeziehen. Sie werden gefragt, wie ein Kind eine Aufgabe ähnlicher Art adäquat bearbeiten könnte, welchen Rat man dabei jemandem geben und was man selbstinstruierend bei der Aufgabenbearbeitung sagen würde. Gelingt es, die Kinder zu Aufgaben begleitendem Sprechen, zu verbaler Selbstanweisung, sei es leise Vor-sich-Hinsprechen oder auch nur bruchstückhaft intern, zu bringen, verbessern sich ihre Sorgfaltsleistungen deutlich.

Ohne besondere Hinweise an die Kinder wird von Anbeginn ein unbewusstes Modelllernen angestrebt, wobei dem Trainer die Funktion des Modells zukommt. Er hat die Aufgabe, während des Trainings ein allgemein ruhiges und überlegtes Vorgehen zu zeigen. Besonderer Wert kommt dem Modelllernen bei der Ergebniskontrolle zu: Der Trainer führt hier kontrollierend die Aufgaben der Kinder durch, wobei der Aufforderungscharakter zur analogen Nachahmung groß ist. Dies trifft auch auf die Prinzipien der Selbstverbalisation zu: Der Trainer weist durch sein anfangs lautes, später nur noch leises und bruchstückhaftes, aber eindeutig erkennbares Vor-sich-Hinsprechen auf die persönliche Anerkennung dieser Prinzipien hin.

Das gesamte Verfahren ist jedoch nur sinnvoll, wenn eine ausreichend stabile emotionale Beziehung zwischen Kindern und Therapeuten hergestellt werden kann. Das Training sollte sich grundsätzlich in einer Atmosphäre emotionaler Zuwendung und des einfühlenden Verstehens vollziehen. Das Kind muss erleben, dass etwas um seinetwillen geschieht, dass es selbst über die Fähigkeit zur Aufgabenlösung verfügt und dass gemachte Fehler nicht persönliche Niederlagen, sondern Lernmöglichkeiten für zukünftig erfolgreicheres Arbeiten darstellen. Durch die bewusste Einbeziehung dieser emotionalen Faktoren geht ein derartiges Übungsprogramm über ein ausschließlich symptomorientiertes Verfahren hinaus und erhält eine »Türöffnerfunktion« auch für weitergehende therapeutische Bemühungen.

Ergänzende Hinweise

Aus der bisherigen praktischen Anwendung bei über 300 Vorschulkindern in den zurückliegenden sieben Jahren lassen sich einige Erfahrungen formulieren, die für den erfolgreichen Einsatz des KTP wichtig sind.

Erste Trainingsstunde

Das Therapeutenverhalten ist der Struktur des Programmablaufs anzupassen. Die erste Trainingsstunde sollte zunächst dafür genutzt werden, den Kindern an aktuellen Beispielen aus ihrem Alltag zu verdeutlichen, dass sie bei manchen Aufgaben Fehler machen, obwohl sie prinzipiell zur erfolgreichen Problemlösung in der Lage wären. Dabei wird angekündigt, dass sie durch das jetzt einsetzende Übungsprogramm Techniken erlernen können, derartige Fehler zu vermeiden und dass dies besonders für ein erfolgreiches Lernen in der Schule wichtig ist. Anhand der drei kleinen Aufgaben des ersten Tages wird das praktische Vorgehen illustriert.

Den Kindern wurde vorgeschlagen, gemeinsam mit dem Trainer »Schule zu spielen«. Da dies für sie ein neuer, noch unbekannter Lebensbereich war, nahmen alle Kinder mit sehr viel Eifer und Interesse am Training teil. Das KTP war für die Vorschulkinder so interessant, dass es auch später beständiger neuer Motivationen nicht bedurfte.

Erste Therapieperiode

Die nächsten Trainingstage dienen dann mit vielen Hilfen bei der Aufgabenbearbeitung der Annäherung an das gewünschte Arbeitsverhalten. Eingesetzte verhaltenstherapeutische Prinzipien sollten einfach strukturiert sein und zunächst vorrangig auf der Verstärkung (Lob, Token) beruhen. Vorzeitige kritische Bemerkungen wirken zumeist affektiv blockierend und hemmen die Weiterarbeit. Dennoch ist es zunehmend erforderlich, auf unangemessenes Arbeitsverhalten und fehlerhafte Lösungen hinzuweisen. Derartige kritische Bemerkungen sind individuell anzupassen und sollten vorwiegend dem Einzelgespräch vorbehalten bleiben, um unnötige emotionale Frustrationen des Kindes zu verhindern.

Bei den Vorschulkindern wurde, auf den Erfahrungen mit den Schulkindern aufbauend, in der ersten Trainingsperiode viel Wert auf die selbstständige Nutzung von vier allgemeinen Handlungsanweisungen gelegt:

1. Auf den Trainer (»Lehrer«) achten und zuhören, wenn eine Aufgabe gestellt wird.
2. Die Aufgabe für sich selbst wiederholen und dabei nachdenken, »was soll ich tun?«, »wie ist die Aufgabe zu bewältigen?«.
3. Die Aufgabe selbstständig lösen, also mehr auf sich selbst als auf den Nachbarn achten.
4. Zum Schluss immer die Aufgabe auf Richtigkeit kontrollieren (Ziel-Ergebnis-Vergleich).

Zweite Therapieperiode

In der zweiten Therapieperiode kommt es darauf an, dass sich der Trainer zunehmend von unmittelbaren Hilfestellungen bei der Aufgabenlösung zurückzieht. Das eigentliche Ziel des Programms liegt letztlich darin, die Kinder zu selbstständigen und sorgfältigen Lösungsbemühungen zu befähigen.

Deshalb darf der Therapeut seine Funktion nicht darin sehen, die Kinder durch seine Aktivitäten zu fehlerfreien Resultaten zu führen. Vielmehr sollte er sich auf die Rolle des Vermittlers effektiver Arbeitstechniken beschränken, der mit den anwachsenden Fähigkeiten der Kinder zunehmend weniger selbst einzugreifen braucht. Unsere Erfahrungen lassen erkennen, dass auch Vorschulkinder sich untereinander auf Fehler aufmerksam machen können, besonders dann, wenn diese aus der Nichtbeachtung der Handlungsanweisung resultieren.

Jedes Kind einer Trainingsgruppe sollte deshalb in der zweiten Trainingshälfte die Zielstellung der Aufgabe mit eigenen Worten wiederholen (z. B. »Ich werde alle Bäume, die wie ein Tannenbaum aussehen, durchstreichen« oder »Ich werde mir jeden Satz genau merken«).

Selbstinstruktionstraining

Bestandteile des Selbstinstruktionstrainings können im Allgemeinen erst in der zweiten Trainingshälfte voll wirksam werden. Bevor sich dieses Vorgehen als sinnvoll erweist, müssen die Kinder die einfachen Konditionierungsprinzipien: »richtiges beziehungsweise ausreichendes Verhalten = Lob und viele Punkte; unzureichendes Vorgehen = Kritik und wenig Punkte« angenommen haben.

Dies ist bei Vorschulkindern nicht immer einfach. Der Trainer muss darauf achten, dass nicht der Wettkampf im Vordergrund steht, sondern die qualitativ gute Lösung einer jeden Aufgabe, also sauber, genau, richtig.

Die verbale Selbstinstruktion stellt eher eine zusätzliche und aufbauende Orientierungshilfe auf bereits bestehenden Fertigkeiten dar. Sie sollte nicht um des Prinzips willen eingesetzt werden, sondern nur dann, wenn das bisherige Vorgehen wirksam unterstützt werden kann. Bei massiv auffälligen Kindern wird man die gesamte Trainingsperiode manchmal nur mit den Grundprinzipien der Konditionierung und der traditionellen Verhaltenstherapie arbeiten müssen, die für die Patienten einen überschaubareren Rahmen bieten, als ein zusätzliches Vorgehen einzufügen, das dann eventuell sogar desorientierend wirkt. Gleiches gilt für sehr junge Kinder oder für Kinder mit mäßiger Intelligenz.

Modellfunktion der Übungen

Grundsätzlich sind die im Programm enthaltenen Übungsaufgaben lediglich als Modell anzusehen, an denen die Kinder einen angemessenen Arbeitsstil erlernen können. Es geht nicht darum, besonders schnelle und perfekte Lösungen zu erzielen, sondern vielmehr darum, anhand vorgelegter konkreter Aufgaben die systematische Abfolge und die sinnvolle Integration der einzelnen Lösungsschritte zu erkennen und zu üben.

Differenzierte Bekräftigung

Es ist nötig, richtige Ansätze und zielorientierte Bemühungen der Kinder differenziert zu bekräftigen. Die Kinder sollen genau erfahren, was in ihrem Vorgehen gut oder schlecht für die Aufgabenlösung war. Unspezifische allgemeine Belobigungen sind wenig effektiv und können sogar irritierend wirken.

Dies gilt bei Vorschulkindern besonders auch für das Ende einer jeden Sitzung. Hier ist das Geschehen vom Trainer einerseits zusammenzufassen, andererseits eine differenzierte Punktevergabe zu begründen.

Umfang von Erklärungen und Hinweisen

Alle getroffenen Erklärungen und Hinweise für die Kinder sollten möglichst kurz und spezifisch sein. Vorschulkindern und jungen Schulkindern ist es prinzipiell nur schwer möglich, längeren Erläuterungen zu folgen und sie dann in eigenes zielgerichtetes Handeln umzusetzen. Bei konzentrationsgestörten Kindern tritt dies noch stärker in Erscheinung.

Aus diesem Grund sollten die steuernden Hinweise eindeutig und einprägsam sein:

1. Hört zu! Seht her! Passt auf!
2. Warte! Wiederhole! Überlege! Wie mache ich das?
3. Fangt an! Beginnt!

4. Achte nur auf Dich selbst! Wir vergleichen später gemeinsam!
5. Schaut nochmals nach! Kontrolliert! Ist alles richtig?

Therapeut-Kind-Beziehung

Die Beziehungen zwischen dem Therapeuten und den Kindern sollten freundlich und wohlwollend, jedoch vorrangig sachlich und nicht zu sehr persönlich orientiert sein. Ziel der Übungen ist es, konzentrative Leistungen zu verbessern und damit vom Kind auch Leistungen zu fordern. Dies kann nicht in einer autoritätsaufgelösten, vorwiegend emotionalen Atmosphäre geschehen. Besonders in späteren Trainingsabschnitten, in denen kritische Hinweise an Bedeutung zunehmen, führt ein übermäßig stark emotional geprägtes Klima bei den Kindern zu Schwierigkeiten, kritische Hinweise und Misserfolge verarbeiten zu können.

Fehlerauswertung

Fehler bei der Aufgabenlösung sollten vom Trainer nicht bagatellisiert, sondern gemeinsam mit den Kindern in ihren Ursachen herausgearbeitet werden. Sie haben die Funktion von Lernmöglichkeiten für erfolgreicheres Arbeiten. Der Fehlerkorrektur kommt deshalb eine besondere Bedeutung zu, was auch bei der zeitlichen Planung zu berücksichtigen ist.

Kritik

Kritische Hinweise müssen stets sachbezogen bleiben und dürfen nicht einen moralisierenden Charakter annehmen. Gerade konzentrationsgestörte Kinder sind aufgrund ihrer Anamnese besonders empfindsam und erleben oftmals auch sachliche Kritik als persönlichen Tadel. Ein formales Registrieren des Fehlers regt das Kind eher zum Nachdenken an als eine moralisierende Auswertung.

Therapeutische Erwartungen

Bezüglich der Effektivität des Programms sind übertriebene Erwartungen unangebracht. Sie verstellen nur den Blick für erreichbare Teilerfolge. Die Annahme, durch ein 20-stündiges KTP schwere Konzentrationsstörungen von Kindern vollständig beheben, »heilen« zu können, wäre eine Illusion. Überzogene therapeutische Ansprüche können das einzelne Kind sogar überfordern. Bei realistischer Einschätzung der Leistungsfähigkeit der Kinder ist es allerdings möglich, ihre Konzentrationsleistungen in psychometrisch objektivierbarem Ausmaß zu verbessern. Die Kinder arbeiten nach dem Training ausdauernder, sorgfältiger und umsichtiger, dabei auch selbstständiger. Diese in *jedem Fall eintretende individuelle Verbesserung* verdient nach unserer Ansicht unbedingt hervorgehoben zu werden.

Diagnostische Zusatzinformationen

Die praktische Durchführung des KTP ermöglicht dem Therapeuten einen unmittelbaren Einblick in das Leistungsverhalten des einzelnen Kindes. In der gemeinsamen Bearbeitung und Auswertung der vorgelegten Aufgaben wird deutlich, wie das Kind Anweisungen aufnimmt, Hilfen verarbeitet, zuzuhören und aufzugliedern in der Lage ist, Probleme unterschiedlicher Art lösen und seine eigene Tätigkeit strukturieren kann. Zusätzlich zur unmittelbaren Verbesserung der Konzentrationsleistungen ermöglicht das KTP durch die Beeinflussung der Leistungsmotivation die Vermittlung von Lernerfolgen und damit die Stärkung des Selbstvertrauens, wodurch übergreifende therapeutische Einflussnahmen auf das Leistungs- und Sozialverhalten der Kinder möglich werden.

Prä-Post-Vergleiche

Über den wiederholten Einsatz psychodiagnostischer Verfahren (vgl. S. 143 ff.) wird es möglich, die erreichten Veränderungen in den konzentrativen Fähigkeiten, im leistungsorientierten Verhalten und die bessere Verfügbarkeit über die intellektuellen Fähigkeiten zu objektivieren und zur Veranschaulichung des Therapieerfolges, zur Festigung des Selbstvertrauens und des Selbstwerts sowie zur Beeinflussung der personellen Beziehungsstrukturen des Kindes zu nutzen.

Durchführung des Trainingsprogramms für Vorschulkinder

Das Trainingsprogramm für Vorschulkinder besteht aus 20 Trainingseinheiten. Jede Trainingseinheit ist mit 35 Minuten veranschlagt. Diese Zeitvorgabe muss als Richtwert verstanden werden, das Training mit Vorschulkindern erfordert vom Trainer auch ein Gespür für die aktuelle Belastbarkeit der Kinder.

Jede Trainingseinheit besteht anfangs aus drei, später aus zwei Aufgaben. Wir betonen, das es sich bei der Anzahl der Aufgaben um einen Vorschlag handelt. Es macht nichts aus, wenn an einem Tag mit drei vorgegebenen Aufgaben möglicherweise nur zwei Aufgaben bewältigt werden können.

Die Variation sollte jedoch nicht so aussehen, dass dort, wo nur zwei Aufgaben vorgesehen sind, die Anzahl erhöht und der Zeitverbrauch pro Aufgabe gesenkt wird. Dies wäre gegen die Intentionen des Konzentrationstrainings-Programms, das ausdrücklich reflexives Verhalten, Ausdauer und Belastbarkeit der Kinder fördern will.

Es sei ferner nochmals betont, dass die Aufgaben des KTP das Vehikel des Konzentrationstrainings bilden. Bei Vorschulkindern bietet es sich an, diese Aufgaben immer in eine spielerische, erzählende Form zu kleiden.

Nicht die Aufgaben, sondern das Verhalten des Trainers, sein Verhältnis zu den Kindern, die Anwendung verhaltenstherapeutischer Regeln – »Bekräftige (Belohne) Erfolg«, »Negiere Misserfolg«, »Kritisiere das spezielle Verhalten, nicht das Kind«, »Strukturiere das Verhalten und sorge für die

Verinnerlichung dieses Musters zu einem Handlungsprogramm« – bestimmen den Erfolg.

Freilich darf auch die Bedeutung der Aufgabensammlung nicht unterschätzt werden, da es sich um ein für das Konzentrationstraining spezifisches und erprobtes Material handelt und jahrelange Erfahrungen sowie die große Nachfrage nach dem Material zeigen, dass es für medizinische, psychologische und pädagogische Praktiker sowie »gestresste« Eltern eine effektive therapeutische Handlungsanleitung darstellt.

Das Konzentrationstrainings-Programm für Vorschulkinder wurde in Kindergärten erprobt. In die Erprobung wurden alle Kinder der Kindereinrichtungen einbezogen, die sich im 5. und 6. Lebensjahr befanden. Diese Vorgehensweise ergab sich aus zwei Gründen: zum einen waren es praktische Zwänge – Kinder und Eltern drängten auf eine Teilnahme an diesen »Beschäftigungen« –, zum anderen kam dieses Vorgehen aber auch unserem wissenschaftlichen Anliegen entgegen, nämlich die Auswirkungen des Konzentrationstrainings-Programms auf die konzentrativen und intellektuellen Fähigkeiten auch der Kinder zu beobachten, die keine Konzentrationsstörungen aufwiesen. Diese Erprobungsstrategie ist ein wesentlicher Unterschied zum Konzentrationstrainings-Programm für die Grundschulkinder. Die dort berücksichtigten Probanden entstammten alle der Klientel kinderpsychiatrischer Einrichtungen, kinder- und schulpsychologischer Beratungsstellen und wiesen als Primär- beziehungsweise Begleitsymptom die Diagnose Konzentrationsstörungen auf.

Die Kindereinrichtungen stellten für die Durchführung des KTP unseren Trainern jeweils einen speziellen Arbeitsraum zur Verfügung. Auch sind wir den Kindereinrichtungen dankbar, dass sie das Konzentrationstraining nicht nur tolerierten, sondern Interesse an diagnostischen Fragestellungen und therapeutischen Ergebnissen zeigten.

Das Konzentrationstrainings-Programm wurde in unterschiedlichen Formen appliziert:
– über vier Wochen täglich,
– zwei Sitzungen wöchentlich.

Die therapeutischen Sitzungen wurden zum Teil am Vormittag, zum anderen Teil nach dem Mittagsschlaf der Kinder durchgeführt.

Die Untersuchungsergebnisse wurden mit den Ergebnissen von Entspannungsgruppen (Progressive Muskelrelaxation) und unspezifischen Kontrollgruppen (normales Kindergartenprogramm) verglichen. Es wurden aber auch Versuche unternommen, das KTP mit Entspannungstechniken zu kombinieren (Näheres S. 143 ff.). Alle Untersuchungs- und Kontrollgruppen wurden mit einer Prä- und Post-Diagnostik begleitet.

Trainingsaufgaben
und
Durchführungsanleitung

1. Tag

Aufgabe A: Ordnen nach der Länge

MATERIAL: 10 aus Pappe ausgeschnittene »Stifte« verschiedener Farben

INSTRUKTION:
- Jeder von euch hat 10 »Farbstifte« vor sich liegen.
- Diese sind unterschiedlich lang.
- Ihr sollt diese Stifte nach ihrer Länge ordnen von links nach rechts (Trainer zeigt).
- Mit dem kürzesten Stift sollt ihr beginnen.

Abbildung:

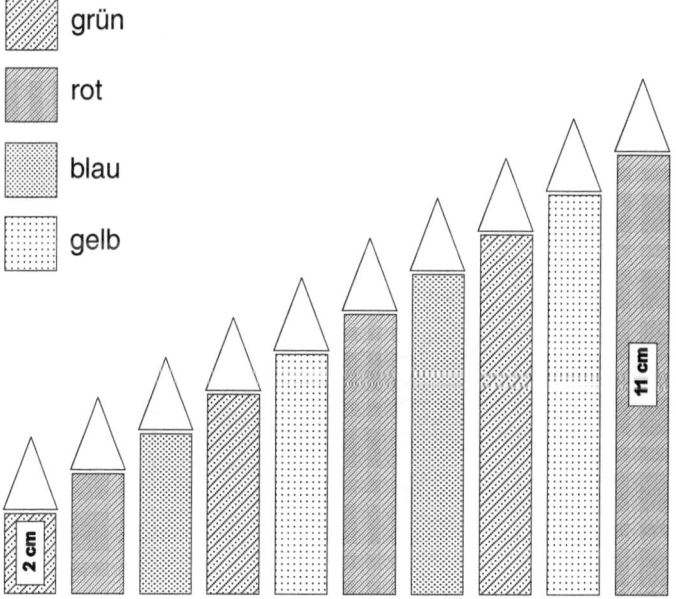

Aufgabe B: Ordnen nach den 4 Grundfarben

MATERIAL: s. Aufgabe A

INSTRUKTION:
- Jetzt sollt ihr alle »Farbstifte« nach ihren Farben sortieren.
- Bildet von jeder Farbe eine Reihe, und beginnt diesmal jeweils mit dem längsten Stift.

Aufgabe C: Suche auf dem Arbeitsblatt alle Früchte und male sie aus.

MATERIAL: Arbeitsblatt, Buntstifte

INSTRUKTION:
- Ihr seht auf dem vor euch liegenden Blatt Tiere, Früchte und Gegenstände.
- Ihr sollt die Früchte heraussuchen und sie ausmalen.
- Dabei achtet bitte darauf, dass ihr nicht über den Rand malt und die zu den Früchten gehörenden Farben benutzt.

Abbildung:

Punktebewertung 1. Tag

Aufgabe A
korrekt gelöste Aufgabe	3 Punkte
1 Fehler	2 Punkte
2 Fehler	1 Punkt

Aufgabe B
korrekt gelöste Aufgabe	3 Punkte
1 Farb- oder Zuordnungsfehler	2 Punkte
2 Farb- oder Zuordnungsfehler	1 Punkt

Aufgabe C
alle Früchte ordentlich ausgemalt	4 Punkte
1 Frucht nicht erkannt oder falsche Farbe	3 Punkte
2 Früchte nicht erkannt oder falsche Farbe	2 Punkte
3 Früchte nicht erkannt oder falsche Farbe	1 Punkt

Für unsauberes Ausmalen Punktabzug.

2. Tag

Aufgabe A: Suche die Wohnungen der Tiere!

MATERIAL: Arbeitsblatt mit Fadenlabyrinth
   Hund – Hütte
   Katze – Körbchen
   Buntstifte zum Nachziehen der Linien des Labyrinths

INSTRUKTION:
- Ihr habt ein Arbeitsblatt mit Tieren und Kästchen für deren Wohnung vor euch liegen.
- Jedes Tier findet seine Wohnung, wenn es dem Faden folgt, der an seinem Fuß beginnt.
- Folgt dem Weg der Tiere bis zu ihrer Wohnung.
- Nehmt für jeden Weg eine andere Farbe.
- Malt in die Kästchen jeweils die Wohnung des Tiers.

Muster:

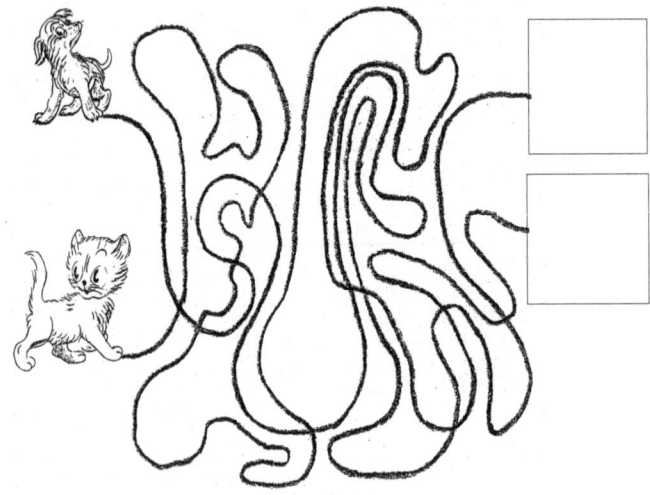

Aufgabe B: Stecken eines vorgegebenen Musters

MATERIAL: Steckspiel (z. B. eibe-Katalog, Art.-Nr. 680 0450 oder eibe-Katalog Art.-Nr. 680 0080 Riesensteckbrett-400)

INSTRUKTION:
- Auf dieser Vorlage seht ihr ein Muster.
- Auf einen roten Stecker folgt ein grüner, danach ein gelber und dann ein blauer (Trainer zeigt).
- Dieses Muster sollt ihr nachgestalten.

Abbildung:

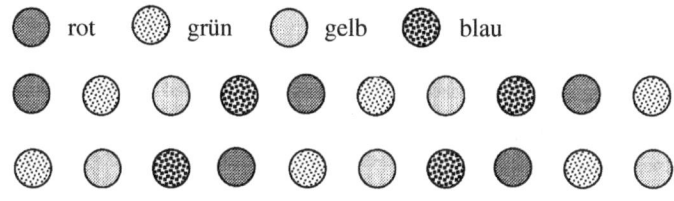

Aufgabe C: Stecken eines selbst ausgedachten Musters.

MATERIAL: s. Aufgabe B

INSTRUKTION:
- Ihr sollt nun aus eurer Phantasie jeder ein eigenes Muster stecken.

Punktebewertung 2. Tag

Aufgabe A

Wege korrekt verfolgt und richtige »Wohnungen« gemalt	3 Punkte
Wege korrekt verfolgt, aber falsche »Wohnungen« gemalt	2 Punkte
falsche Wege, aber »Wohnungen« richtig gemalt	1 Punkt

Aufgabe B

Muster vollkommen richtig	4 Punkte
1 Fehler	3 Punkte
2 Fehler	2 Punkte
3 Fehler	1 Punkt

Aufgabe C

erkennbares Muster, vollständig	3 Punkte
erkennbares Muster, unvollständig	2 Punkte
Bemühungen um Muster	1 Punkt

---

3. Tag

Aufgabe A: Versteckte Tiere

MATERIAL: Bildblätter (SACHSENWEGER, R., ELSNER-SCHWINTOWSKY, D.: Was siehst du da?, Kinderbuchverlag Berlin, 1977, S. 9), Farbstift

INSTRUKTION:
- Auf dem vor euch liegenden Bild sind Tiere versteckt.
- Seht euch das Bild genau an und sucht die Tiere.
- Mit dem Stift zieht ihr um jedes Tier einen Kreis.

Aufgabe B: Ausmalen einer Zuckertüte

MATERIAL: Arbeitsblatt mit dem Umriss einer Zuckertüte, Buntstifte

INSTRUKTION:
- Alle Kinder freuen sich, wenn sie in die Schule kommen.
- Am ersten Tag gibt es eine Zuckertüte.
- Auf dem Arbeitsblatt vor euch seht ihr die Umrisse einer Zuckertüte.
- Ihr sollt diese Zuckertüte ausmalen.

Muster:

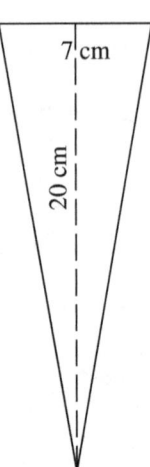

Aufgabe C: Zuordnung zu Oberbegriffen

MATERIAL: Oberbegriffe: Tiere, Kleidung, Obst, Fahrzeuge

INSTRUKTION:
- Ich nenne euch jeweils einen Begriff und ihr sollt sagen, was alles dazugehört.
- Es kommt reihum jeder bei jedem Begriff einmal dran.
- Achtet darauf, dass ihr nichts wiederholt, was schon ein anderer gesagt hat.

Punktebewertung 3. Tag

Aufgabe A

9 und mehr Tiere erkannt	4 Punkte
7 – 8 Tiere erkannt	3 Punkte
5 – 6 Tiere erkannt	2 Punkte
3 – 4 Tiere erkannt	1 Punkt

Aufgabe B
sauber und mehrfarbig ausgemalt   2 Punkte
sauber und einfarbig ausgemalt   1 Punkt

Aufgabe C
Begriffe in 4 Kategorien richtig   4 Punkte
Begriffe in 3 Kategorien richtig   3 Punkte
Begriffe in 2 Kategorien richtig   2 Punkte
Begriffe in 1 Kategorie richtig   1 Punkt

---

4. Tag

Aufgabe A: Puzzle-Aufgabe

MATERIAL: Eine Postkarte mit Tierfoto wird in 4 Teile zerschnitten.

Muster:

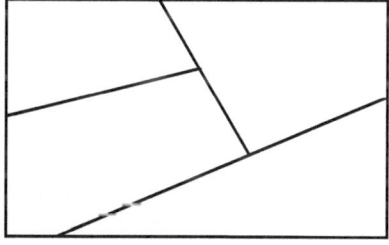

INSTRUKTION:
- Ihr habt 4 Teile eines Bildes vor euch liegen.
- Ihr sollt wie bei einem Puzzle das Bild zusammensetzen und sagen, was es darstellt.

Aufgabe B: Differenzieren und Markieren von geometrischen Figuren

MATERIAL: Arbeitsblatt mit geometrischen Figuren (Kreise und Vierecke), Farbstifte

INSTRUKTION:
- Ihr habt ein Arbeitsblatt mit unterschiedlichen Figuren vor euch liegen.
- In jedem Kästchen befindet sich ein Kreis oder ein Viereck.
- Ihr sollt mit dem einen Farbstift (rot) in jeden Kreis einen Punkt machen und mit dem grünen Stift in jedes Viereck einen Punkt.
- Ihr sollt dabei die Reihenfolge der Kästchen einhalten.
- Die erste Zeile machen wir gemeinsam.

Abbildung:

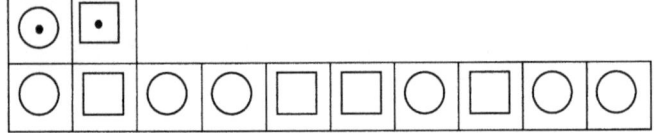

Aufgabe C: Ausmalen geometrischer Figuren

MATERIAL: Arbeitsblatt wie Aufgabe B, Farbstifte

INSTRUKTION:
- Jetzt sollt ihr mit der jeweiligen Farbe den gesamten Kreis und das gesamte Viereck ausmalen und nicht über den Rand malen.
- Achtet darauf, dass ihr wieder die Reihenfolge einhaltet.

Punktebewertung 4. Tag

Aufgabe A
Puzzle richtig zusammengesetzt   2 Punkte
3 Teile richtig   1 Punkt

Aufgabe B
fehlerfrei gearbeitet   4 Punkte
1 – 2 Fehler   3 Punkte
3 – 4 Fehler   2 Punkte
5 – 6 Fehler   1 Punkt

Aufgabe C
5 Reihen und mehr fehlerfrei ausgemalt 4 Punkte
4 Reihen   3 Punkte
3 Reihen   2 Punkte
2 Reihen   1 Punkt

---

5. Tag

Aufgabe A: Fehlergeschichten

MATERIAL: Fehlergeschichten zum Vortragen

INSTRUKTION:
- Ich lese euch jetzt immer eine kurze Geschichte vor.
- In allen Geschichten sind Fehler enthalten.
- Ihr hört genau hin, denkt nach und sucht heraus, was in der jeweiligen Geschichte nicht stimmen kann (falsch ist).
- Wer einen Fehler gefunden hat, meldet sich.
- Überlegt genau und meldet euch erst, wenn ihr es wirklich wisst.

- Es antwortet nur das Kind, das von mir dazu aufgefordert wird.

1. Lars erzählt im Kindergarten: »Stellt euch vor, ich habe einen Teddy, der jeden Tag eine ganze Tafel Schokolade isst.«

2. Anja war bei ihrer Oma im Garten. Als sie nach Hause kommt, erzählt sie ihrer Mutti: »In Omas Garten blüht ein Rosenstock, der schöne Lieder singt.«

3. Letzten Sonntag im Freibad ist mein großer Bruder so lange geschwommen, bis er eine Blase am rechten Fuß hatte.

4. Wir haben heute zum Frühstück den Kuchen gegessen, den meine Oma nachts im Traum gebacken hat.

Aufgabe B: Memory-Spiel

MATERIAL: 24 Karten (12 Paare) aus einem Memory-Spiel (z. B. eibe-Katalog, Art.-Nr. 691 0270 »Original Memory«)

INSTRUKTION:
- Jeder deckt reihum 2 Karten auf und danach wieder zu.
- Wenn einer der Spieler 2 gleiche Karten hat, darf er das Paar behalten.
- Merkt euch immer, welche Karten an welcher Stelle liegen, damit ihr sie aufdecken könnt, wenn ihr dran seid.
- Wer die meisten Paare hat, ist Gewinner.

Aufgabe C: Figur vervollständigen

MATERIAL: Arbeitsblatt mit Umrissen einer menschlichen Figur, Bleistift

INSTRUKTION:
- Hier hat jemand begonnen, einen Mann zu malen.
- Ihr sollt ihn zu Ende malen.

- Ergänzt, was noch alles fehlt.

Abbildung:

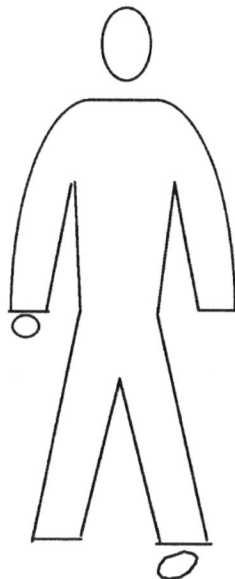

Punktebewertung 5. Tag

Aufgabe A
Aufgabe gelöst — 2 Punkte
Aufgabe mit Hilfe gelöst — 1 Punkt

Aufgabe B
4 und mehr Paare — 4 Punkte
3 Paare — 3 Punkte
2 Paare — 2 Punkte
1 Paar — 1 Punkt

Aufgabe C
6 und mehr Details — 4 Punkte
5 Details — 3 Punkte
4 Details — 2 Punkte
3 Details — 1 Punkt

6. Tag

Aufgabe A: Differenzieren von Figuren

MATERIAL: Arbeitsblatt mit Strichzeichnungen, Buntstifte

INSTRUKTION:
- Auf dem Blatt seht ihr Vierecke mit einer Mütze oder einem Blatt.
- Ihr sollt die Mütze rot und das Blatt grün ausmalen.
- Achtet darauf, dass ihr die Farben nicht verwechselt und dass ihr nicht über den Rand hinausmalt.

Abbildung:

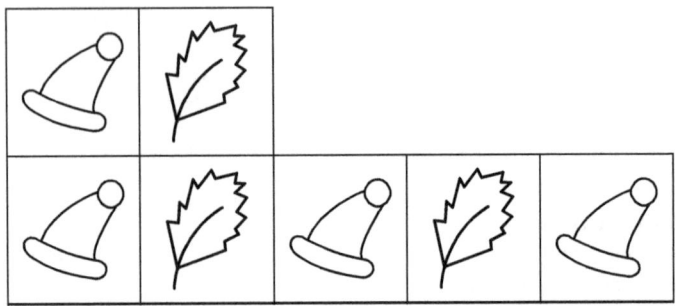

Aufgabe B: Kofferpacken

MATERIAL: Ein Kinder- oder Spielzeugkoffer und aus Pappe ausgeschnittene Symbole für Reiseutensilien.

INSTRUKTION:
- Wir wollen uns vorstellen, dass wir eine Reise machen.
- Dazu müssen wir unseren Koffer packen.
- Ihr nennt reihum immer einen Gegenstand, der mitgenommen werden soll.

- Das entsprechende Symbol wird in den Koffer gelegt.
- Jedes Kind muss bei geschlossenem Kofferdeckel sagen, was sich bereits im Koffer befindet, und darf dann jeweils ein Stück dazulegen.
- Wer einen Fehler macht, muss ausscheiden.

Aufgabe C: Kofferpacken im Gedächtnis

INSTRUKTION:
- Wir wollen das gleiche Spiel noch einmal in Gedanken spielen.
- Der erste nennt einen Gegenstand, den er in den Koffer hineinpackt.
- Der nächste nennt, was bereits im Koffer ist, und einen Gegenstand dazu.
- Passt gut auf, dass ihr euch alle Gegenstände, die bereits im Koffer sind, merkt.
- Wer einen Fehler macht, muss ausscheiden.

Punktebewertung 6. Tag

Aufgabe A

5 – 6 Zeilen sauber ausgemalt	4 Punkte
5 – 6 Zeilen ausgemalt, Rand nicht eingehalten	3 Punkte
3 – 4 Zeilen sauber ausgemalt	3 Punkte
3 – 4 Zeilen ausgemalt, Rand nicht eingehalten	2 Punkte
1 – 2 Zeilen sauber ausgemalt	1 Punkt

Aufgabe B

6 und mehr Dinge gemerkt	3 Punkte
4 – 5 Dinge gemerkt	2 Punkte
2 – 3 Dinge gemerkt	1 Punkt

Aufgabe C

5 und mehr Dinge gemerkt	3 Punkte
3 – 4 Dinge gemerkt	2 Punkte
1 – 2 Dinge gemerkt	1 Punkt

7. Tag

Aufgabe A: Bildvergleich

MATERIAL: Arbeitsblätter mit zwei ähnlichen Bildern, auf denen sich bestimmte inhaltliche Sachverhalte unterscheiden (z. B. BUMMI 8/1988).

INSTRUKTION:
- Vor euch liegen zwei Bilder, die sehr ähnlich aussehen, aber es gibt doch Dinge, die anders sind.
- Vergleicht die Bilder und sagt mir, was anders ist.
- Jedes Kind spricht nur dann, wenn es an der Reihe ist.

Abbildung:

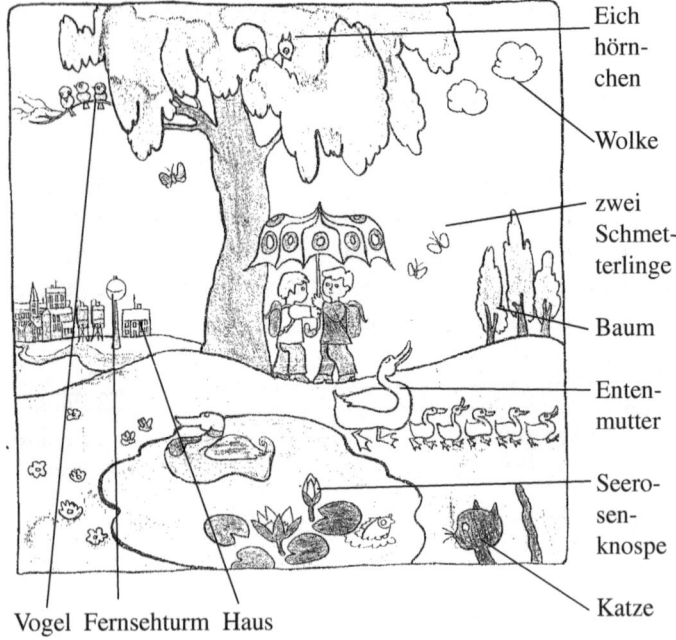

Aufgabe B: Fehlende Gegenstände benennen

MATERIAL: 12 verschiedene Gegenstände, die den Kindern vertraut sind und von ihnen benannt werden können.

INSTRUKTION:
- Auf dem Tisch liegen ganz viele Sachen (alles benennen).
- Ihr schaut jetzt alle weg und sagt mir dann, was ich weggenommen habe.
- Ihr müsst euch alles merken, was hier liegt, sonst wisst ihr nicht, was fehlt.
- Jedes Kind kommt dreimal an die Reihe.

Aufgabe C: Verwendungszweck von Gegenständen angeben

MATERIAL:
Vorgabeliste von Gegenständen:
1. Topf
2. Schneebesen
3. Quirl
4. Hammer
5. Hobel
6. Zange
7. Schultüte
8. Wandtafel
9. Federmappe
10. Seife
11. Zahnbürste
12. Schuhcreme

INSTRUKTION:
- Ich nenne euch jetzt Gegenstände und ihr sagt mir, was man mit ihnen machen kann, wozu man sie braucht.
- Jeder kommt insgesamt dreimal dran.
- Während ein Kind dran ist, verhalten sich die anderen ganz still und hören zu.
- Wer noch einen weiteren Verwendungszweck des betreffenden Gegenstands kennt, meldet sich und wartet, bis er drankommt.

Punktebewertung 7. Tag

Aufgabe A

7 und mehr Unterschiede gefunden	4 Punkte
5 – 6 Unterschiede gefunden	3 Punkte
3 – 4 Unterschiede gefunden	2 Punkte
1 – 2 Unterschiede gefunden	1 Punkt

Aufgabe B

3 richtige Antworten	3 Punkte
2 richtige Antworten	2 Punkte
1 richtige Antwort	1 Punkt

Aufgabe C

3 richtige Antworten	3 Punkte
2 richtige Antworten	2 Punkte
1 richtige Antwort	1 Punkt

---

8. Tag

Aufgabe A: Vervollständigen einer begonnenen Schmuckkante

MATERIAL: Arbeitsblatt mit begonnener Schmuckkante, Buntstift

INSTRUKTION:
- Ihr habt vor euch ein Blatt, das eine Einladung zu eurer Geburtstagsfeier werden soll.
- Damit diese besonders schön aussieht, soll sie eine Schmuckkante bekommen.
- Ihr sollt die begonnene Schmuckkante rund um das Blatt vervollständigen.

- Arbeitet möglichst sorgfältig und haltet die Reihenfolge des Musters ein.

Abbildung: X ○ ✚ X ○ ✚ X ○ ✚ usw.

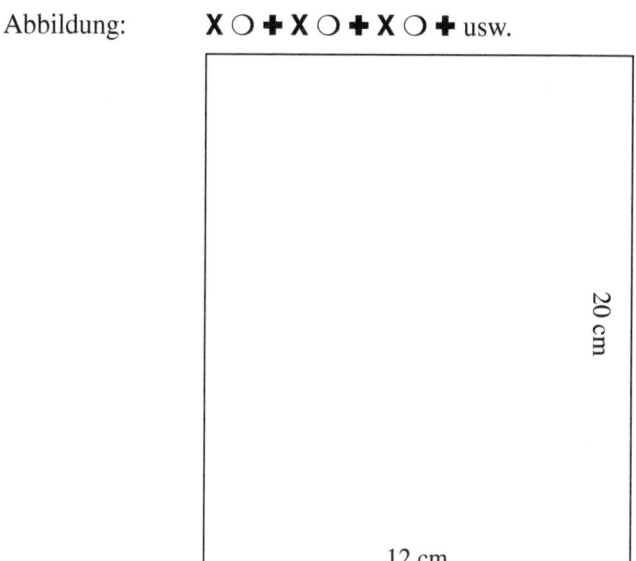

Aufgabe B: Instrumente am Klang unterscheiden

MATERIAL: Teile des Orffschen Instrumentariums oder andere Instrumente: Klanghölzer, Triangel, Zimbel, Tamburin, Rassel (möglichst doppelt).

INSTRUKTION:
- Wir wollen zunächst hören, welche Klänge man mit den einzelnen Instrumenten erzeugen kann (Trainer demonstriert).
- Ich spiele jetzt ein Instrument (nicht sichtbar für die Kinder, vor denen der zweite Instrumenten-Satz liegt).
- Danach frage ich euch, welches Instrument ihr gehört habt.
- Jeder von euch kommt dreimal dran.

Aufgabe C: Figuren differenzieren

MATERIAL: Arbeitsblatt, Buntstifte

INSTRUKTION:
- Vor euch liegt ein Arbeitsblatt, auf dem unter anderem viele Tiere zu finden sind.
- Sucht sie und malt um sie mit unterschiedlichen Buntstiften Kreise.

Punktebewertung 8. Tag

Aufgabe A
4 Seiten richtig	4 Punkte
3 Seiten richtig	3 Punkte
2 Seiten richtig	2 Punkte
1 Seite richtig	1 Punkt

Aufgabe B
3 Instrumente erkannt	3 Punkte
2 Instrumente erkannt	2 Punkte
1 Instrument erkannt	1 Punkt

Aufgabe C

15 und mehr Figuren gekennzeichnet	3 Punkte
10 –14 Figuren gekennzeichnet	2 Punkte
5 – 9 Figuren	1 Punkt

9. Tag

Aufgabe A: Ertasten von Gegenständen

MATERIAL: 8 Tastbeutel (15 x 10 cm aus dünnem, blickdichtem Material), die unterschiedliche, den Kindern bekannte und leicht zu erfassende Gegenstände enthalten.

INSTRUKTION:
- Ich gebe euch einen Beutel.
- Ihr sollt fühlen und erraten, was im Beutel ist.
- Jeder sagt, was er im Beutel hat.
- Dann schauen wir nach, ob es stimmt.
- Jedes Kind kommt zweimal an die Reihe.

Aufgabe B: Kommunikationsspiel zur Aufgabe A

MATERIAL: s. Aufgabe A

INSTRUKTION:
- Jedes Kind bekommt jetzt nacheinander zwei andere Beutel.
- Jeder fühlt wieder den Inhalt, sagt ihn diesmal aber nicht mir, sondern seinem rechten Nachbarn (Trainer zeigt, Kinder nennen ihren rechten Nachbarn).

- Wenn ich euch aufrufe, nennt mir jedes Kind den Gegenstand, der bei seinem Nachbarn im Beutel war.
Achtung! Bei dieser Aufgabe können an zwei Stellen Fehler entstehen, einmal beim Tasten und zum anderen bei der Kommunikation.

Aufgabe C: Ergänzen fehlender Teile

MATERIAL: Vorlageblätter, auf denen 2 Häuser nebeneinander abgebildet sind, bei dem zweiten Haus fehlen einzelne Striche, Bleistift.

INSTRUKTION:
- Auf dem Blatt vor euch sind 2 Häuser abgebildet.
- Das eine Haus ist fertig, das andere noch nicht.
- Vergleicht die Häuser!
- Malt beim zweiten Haus das ein, was fehlt!

Punktebewertung 9. Tag

Aufgabe A

2 Gegenstände richtig erkannt	4 Punkte
1 Gegenstand richtig erkannt	2 Punkte

Aufgabe B

2 Gegenstände richtig erkannt und richtig genannt	4 Punkte
1 Gegenstand richtig erkannt und richtig genannt	2 Punkte

Achtung! Hier ist darauf zu achten, dass immer derjenige den Punktabzug bekommt, der den Fehler macht: Wenn z. B. Kind A seine Gegenstände richtig erkennt und auch die nennt, die der linke Nachbar B ihm sagt, bekommt es die volle Punktzahl. Wenn jedoch sein rechter Nachbar C seine Gegenstände zwar richtig erkennt, aber die von Kind A falsch nennt, bekommt er nur 2, wenn er einen falsch nennt, 3 Punkte. Auf diese Weise ist es bei dieser Aufgabe möglich, auch 3 oder 1 Punkt zu bekommen.

Aufgabe C

0 Fehler	2 Punkte
1 Fehler	1 Punkt

10. Tag

Aufgabe A: Farbdifferenzierung

MATERIAL: 9 aus Pappe ausgeschnittene Häuser (ohne Türen und Fenster) mit Dächern in den Farben rosa, lila und orange

INSTRUKTION:
- Vor euch liegen 9 Häuser.
- 3 Häuserdächer haben immer die gleiche Farbe.
- Legt immer die Häuser mit der gleichen Farbe des Dachs zusammen.

Muster:

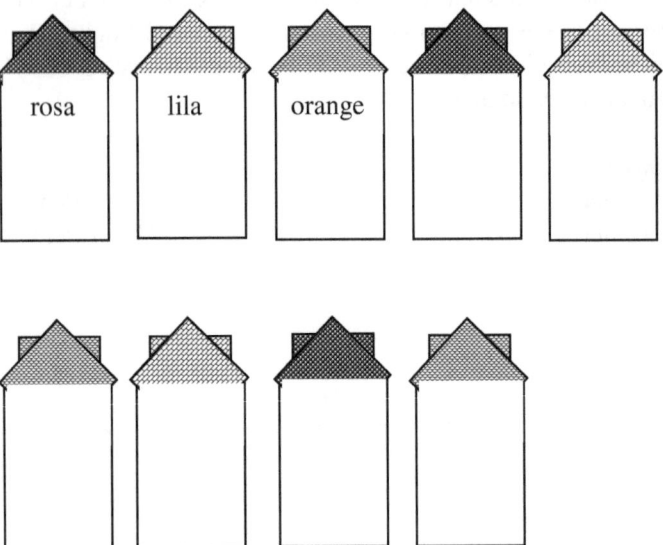

Aufgabe B: Durchstreichaufgabe

MATERIAL: Arbeitsblatt mit verschiedenen Formen von Bäumen, Bleistift

INSTRUKTION:
- Ihr seht vor euch ein Blatt mit vielen Bäumen.
- Diese Bäume haben unterschiedliche Formen.
- Ihr sollt alle Bäume durchstreichen, die so aussehen (Trainer zeigt).
- Die erste Zeile machen wir gemeinsam.

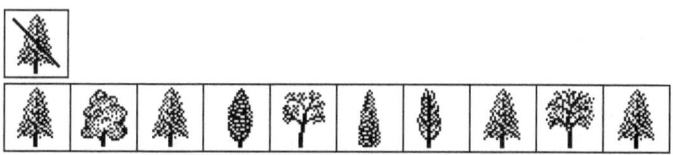

Aufgabe C: Sätze nachsprechen

MATERIAL: 4 Sätze mit wachsender Silbenanzahl

1. Im Garten blühen Blumen.
Im Garten blühen im Sommer Blumen.
Im Garten blühen im Sommer schöne Blumen.
Im Garten blühen im Sommer schöne rote und gelbe Blumen.

2. Im See kann man baden.
Im See kann man im Sommer baden.
Im See kann man im Sommer bei schönem Wetter baden.

Im See kann man im Sommer bei schönem Wetter baden und schwimmen.

3. Wir wandern durch den Wald.
Wir wandern im Sonnenschein durch den Wald.
Wir wandern im Sonnenschein durch den Wald und singen.
Wir wandern im Sonnenschein durch den Wald und singen fröhliche Lieder.

4. Im Winter liegt Schnee.
Im Winter liegt Schnee vor den Häusern.
Im Winter liegt Schnee vor den Häusern, und es ist kalt.
Im Winter liegt Schnee vor den Häusern und auf den Feldern, und es ist kalt.

INSTRUKTION:
- Jedes Kind bekommt jetzt von mir einen Satz gesagt und soll ihn nachsprechen.
- Der Satz wird dreimal verlängert.
- Wer an der Reihe ist, spricht mir also jeweils vier Sätze nach.
- Die anderen Kinder hören gut zu und melden sich, wenn sie einen Fehler bemerken.
- Es spricht niemand dazwischen.

Punktebewertung 10. Tag

Aufgabe A

0 Fehler	2 Punkte
1 Fehler	1 Punkt

Aufgabe B

9 – 10 Zeilen fehlerfrei	4 Punkte
9 – 10 Zeilen mit Fehlern	3 Punkte
7 – 8 Zeilen fehlerfrei	3 Punkte
7 – 8 Zeilen mit Fehlern	2 Punkte

5 – 6 Zeilen fehlerfrei	2 Punkte
5 – 6 Zeilen mit Fehlern	1 Punkt
3 – 4 Zeilen fehlerfrei	1 Punkt

Aufgabe C

4 Sätze fehlerfrei	4 Punkte
3 Sätze fehlerfrei	3 Punkte
2 Sätze fehlerfrei	2 Punkte
1 Satz fehlerfrei	1 Punkt

11. Tag

Aufgabe A: Optische Differenzierung

MATERIAL: Papptäfelchen (Kantenlänge 10 cm) mit aufgezeichneten geometrischen Figuren (Viereck, Kreis, Dreieck; Kantenlänge bzw. Durchmesser jeweils 5 cm) für jedes Kind und den Trainer.

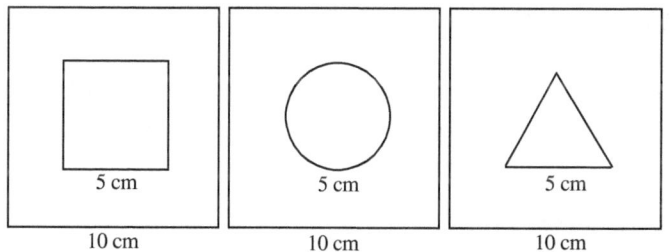

INSTRUKTION:
- Jeder von euch hat drei Karten, auf denen unterschiedliche Figuren abgebildet sind.
- Ich werde eine Karte hochheben.

Aufgabe B: Merken und Nachgestalten einer Objektreihe

MATERIAL: s. Aufgabe A

INSTRUKTION:
- Jetzt wird die Aufgabe schwieriger.
- Ich hebe nacheinander die 3 Figuren in einer bestimmten Reihenfolge hoch.
- Wenn ich die letzte Figur abgelegt habe, beginnt jeder von euch, die Figuren an seinem Platz in derselben Reihenfolge hinzulegen, wie ich sie gezeigt habe.

Aufgabenfolge:

Dreieck	Kreis	Viereck
Dreieck	Viereck	Kreis
Kreis	Dreieck	Viereck
Kreis	Viereck	Dreieck
Viereck	Kreis	Dreieck
Viereck	Dreieck	Kreis

Aufgabe C: Ergänzen einer Zeichnung

MATERIAL: Vorlageblatt mit den Umrissen eines Hauses (Größe ca. 20 x 12 cm, Höhe des Dachfirstes 6 cm), Farbstifte.

INSTRUKTION:
- Auf dem Blatt seht ihr ein Haus.
- Das Haus hat bis jetzt nur Wände und ein Dach.
- Zeichnet alles ein, was ihr an einem Haus sehen könnt.
- Alles, was euch einfällt, könnt ihr ergänzen.

Abbildung:

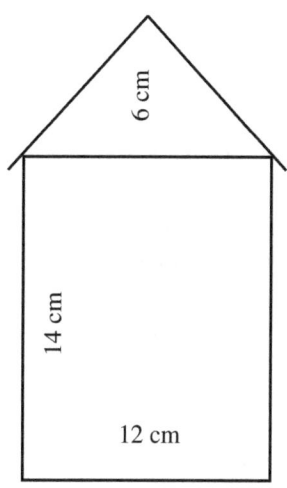

Punktebewertung 11. Tag

Aufgabe A
0 Fehler	2 Punkte
1 Fehler	1 Punkt

Aufgabe B
6 richtige Reihen	4 Punkte
5 richtige Reihen	3 Punkte
4 richtige Reihen	2 Punkte
3 richtige Reihen	1 Punkt

Aufgabe C
8 und mehr Details	4 Punkte
6 – 7 Details	3 Punkte
4 – 5 Details	2 Punkte
2 – 3 Details	1 Punkt

12. Tag

Aufgabe A: Merken von Bildmotiven

MATERIAL: 10 Bilder eines Memory (z. B. eibe-Katalog, Art.-Nr. 691 027 »Original Memory«)

INSTRUKTION:
- Auf dem Tisch liegen 10 Bilder von Dingen, die ihr alle kennt.
- Wir schauen sie uns gemeinsam an, und ihr versucht, euch die Bilder zu merken.
- Dann drehen wir die Karten um, und ihr nennt alle Bilder, die ihr euch gemerkt habt.
- Welche Bilder lagen auf dem Tisch?

Aufgabe B: Memory

MATERIAL: s. Aufgabe A

INSTRUKTION:
- Wir haben jetzt die Bilder alle noch einmal gesehen.
- Ihr wisst, um welche Bilder es sich handelt.
- Ich drehe die Bilder jetzt wieder um.
- Ihr sollt sagen, an welcher Stelle welches Bild liegt.
- Jeder, der ein Bild richtig gefunden hat, darf das Bild behalten.
- Wer ein falsches Bild aufgedeckt hat, muss es wieder umdrehen.

Aufgabe C: Mengenverständnis

MATERIAL: Für jedes Kind und den Versuchsleiter jeweils 10 »Muggelsteine« (z. B. eibe-Katalog, Art.-Nr. 680 0010) und ein aufgemalter Bus.

INSTRUKTION:
- Ihr habt alle einen Bus und 10 Leute, die in dem Bus mitfahren können.
- Die Steine sind eure Mitfahrer.
- Ich erzähle euch eine Geschichte und ihr macht, was ich euch sage!
- Der Bus fährt mit dem Fahrer (erster Stein) los.
- Jetzt kommt er an die erste Haltestelle, dort steigen 3 Leute ein.
- Am Markt hält er wieder und es steigen 2 Leute aus.
- Wie viel Personen sind jetzt in dem Bus?
- usw., wobei sich die Wahl der Mengen am Leistungsvermögen der Kinder orientiert.

Abbildung:

Punktebewertung 12. Tag

Aufgabe A

8 und mehr Bilder gemerkt	4 Punkte
6 – 7 Bilder gemerkt	3 Punkte
4 – 5 Bilder gemerkt	2 Punkte
2 – 3 Bilder gemerkt	1 Punkt

Aufgabe B

3 und mehr Bilder richtig	3 Punkte
2 Bilder richtig	2 Punkte
1 Bild richtig	1 Punkt

Aufgabe C

3 Aufgaben richtig	3 Punkte
2 Aufgaben richtig	2 Punkte
1 Aufgabe	1 Punkt

---

13. Tag

Aufgabe A: Perlen fädeln

MATERIAL: Fädelschnur, 50 verschiedenfarbige kleine Perlen (z. B. diehl-Katalog, Art.-Nr. 64416)

INSTRUKTION:
- Heute wollen wir Perlen auffädeln.
- Dazu erhaltet ihr vier verschiedene Farben von Perlen.
- Ihr sollt die Farben in der vorgegebenen Reihenfolge auffädeln, die ersten 4 Perlen fädeln wir gemeinsam auf: zuerst eine rote, dann eine grüne, eine gelbe und zum Schluss eine blaue.
- Jetzt arbeitet jeder selbstständig weiter.

Aufgabe B: Kennzeichnen von geometrischen Figuren

MATERIAL: Arbeitsblatt mit geometrischen Figuren (Kreis, Dreieck, Viereck), Bleistift

INSTRUKTION:
- Ihr habt vor euch ein Blatt mit verschiedenen Figuren liegen.
- Eure Aufgabe besteht darin, jede Figur an einer anderen Stelle mit einem Punkt zu versehen:
- beim Kreis (zeigen) malt ihr den Punkt in die Mitte,
- beim Viereck (zeigen) malt ihr den Punkt unter die Figur,
- beim Dreieck (zeigen) malt ihr den Punkt über die Spitze.
- Die erste Zeile machen wir gemeinsam.

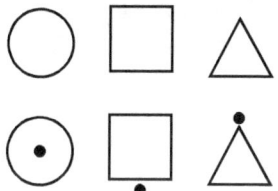

Abbildung:

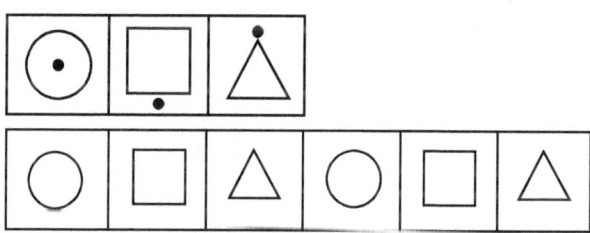

Aufgabe C: Sinnwidrigkeiten finden

MATERIAL: Arbeitsblatt mit Sinnwidrigkeiten, Farbstifte

INSTRUKTION:
- Schaut euch das Arbeitsblatt genau an.
- Es sind Bilder darauf, bei denen etwas nicht richtig ist.
- Überlegt genau, was nicht richtig ist.
- Zieht um den Fehler jeweils mit dem Farbstift einen Kreis!
- Dann rufe ich euch reihum auf und jeder sagt mir einen Fehler.

Abbildung:

Punktebewertung 13. Tag

Aufgabe A
30 und mehr Perlen richtig	4 Punkte
25 Perlen richtig	3 Punkte
20 Perlen richtig	2 Punkte
15 Perlen richtig	1 Punkt

Aufgabe B

9 – 10 Zeilen richtig	3 Punkte
7 – 8 Zeilen richtig	2 Punkte
5 – 6 Zeilen richtig	1 Punkt

Aufgabe C

5 Fehler gefunden	3 Punkte
4 Fehler gefunden	2 Punkte
3 Fehler gefunden	1 Punkt

---

14. Tag

Aufgabe A: Merken von Namen

MATERIAL: Kurze Geschichte, die 6 Namen beinhaltet.

INSTRUKTION:
- Ich lese euch eine Geschichte vor.
- In dieser Geschichte kommen 6 Kinder vor, deren Namen ihr euch merken sollt.
- Wenn ich mit dem Vorlesen fertig bin, darf mir jedes Kind reihum die Namen ins Ohr flüstern, die es sich gemerkt hat.
- Dann lese ich die Geschichte noch einmal vor, und jedes Kind, das an die Reihe kommt, darf einen Namen ergänzen.

Geschichte:
Antonia, Christine, Dirk, Harald, Maria und Peter gingen mit ihrem Opa in den Zoo. Gleich hinter dem Eingang standen die Flamingos auf ihren langen dünnen Beinen. Peter und Dirk wollten am liebsten gleich zu den Affen, aber Christine wollte zu den Löwen. Harald sagte: Wir müssen uns einigen. Es kann nicht jeder woanders hinlaufen. Antonia schlug vor, sich an

den aufgestellten Pfeilen zu orientieren. So kamen sie zuerst zu den Elefanten, wo Dirk und Maria am liebsten geblieben wären. Aber Antonia und Peter drängten weiter. Im Raubtierhaus war gerade eine Fütterung. Im Aquarium staunte Harald über die vielen bunten Fische. Am lustigsten fanden Christine und Maria den Kofferfisch. Anschließend standen sie lange vor dem Affengehege und beobachteten die Affenfamilien bei ihrem Treiben. Dirk und Harald ahmten die Affen nach, worüber die Mädchen lachten. Zum Schluss ging Opa mit ihnen zum Tier-Kindergarten, wo besonders Maria, Christine und Antonia die jungen Tiere streichelten. Schließlich mahnte Peter zum Aufbruch, weil Opa noch ein Eis versprochen hatte.

Aufgabe B: Perlen auffädeln

MATERIAL: Zylinderperlen (z. B. diehl-Katalog Art.-Nr. 63 356), n = 100, Fädelschnur.

INSTRUKTION:
- Heute wollen wir noch einmal Perlen auffädeln.
- Diesmal sind es aber andere Perlen.
- Außerdem sollt ihr nicht nach Farben fädeln, sondern so viele Perlen, wie ihr in 15 Minuten schafft.
- Es arbeitet jeder, so schnell er kann.

Punktebewertung 14. Tag

Aufgabe A

5 – 6 Namen gemerkt	3 Punkte
4 Namen gemerkt	2 Punkte
3 Namen gemerkt	1 Punkt

Aufgabe B

80 und mehr Perlen	7 Punkte
mindestens 70 Perlen	6 Punkte
mindestens 60 Perlen	5 Punkte

mindestens 50 Perlen   4 Punkte
mindestens 40 Perlen   3 Punkte
mindestens 30 Perlen   2 Punkte
mindestens 20 Perlen   1 Punkt

15. Tag

Aufgabe A: Fadenlabyrinth

MATERIAL: Fadenlabyrinth: links drei Tiere (Hase, Vogel, Katze), in der Mitte das einfarbige Labyrinth, rechts am Ende der »Fäden« typische Nahrung der Tiere (Körner, Möhren, Maus), Farbstifte

INSTRUKTION:
- Von jedem Tier führt ein Weg zu seinem Lieblingsfutter.
- Ihr sollt mit unterschiedlichen Farben von jedem Tier den Weg zum Futter verfolgen.
- Anschließend sollen Tiere und Futter von euch ausgemalt werden.

Aufgabe B: Fehler finden

MATERIAL: Fehlergeschichten (z. B. aus SCHMIEDER, W.: Freude am Sprechenlernen, Volk und Gesundheit, Berlin, 1984, S. 58)

INSTRUKTION:
- Ich lese euch ganz kleine Geschichten vor.
- Ihr sollt mir sagen, was in den Geschichten nicht stimmt. Was ist falsch?
- Ich gehe herum und jeder sagt mir seine Antwort ins Ohr.
- Die anderen verhalten sich in dieser Zeit mucksmäuschenstill.
- Wer dazwischenredet, bekommt Punktabzug.

Beispiel:
Eine Katze sprang, packte den Vogel und riss ihm alle Haare aus.
Die Blätter waren gefallen, nur die Kastanien hingen noch an den Bäumen.
Der Wind blies in diesem Herbst so stark, dass die Bäume alle Blätter verloren.
Ein Pferd stieß sich an einem Stein die Zehen blutig.
Die Schafe fraßen mit ihren Schnäbeln die ganze Wiese kahl.
Im hohen Schnee kann man deutlich die Spuren des Igels sehen.
Der Autofahrer zog die Bremse an, dann fuhr er los.

Punktebewertung 15. Tag

Aufgabe A
3 richtig	3 Punkte
2 richtig	2 Punkte
1 richtig	1 Punkt

Aufgabe B
7 richtig 7 Punkte
6 richtig 6 Punkte
5 richtig 5 Punkte
4 richtig 4 Punkte
3 richtig 3 Punkte
2 richtig 2 Punkte
1 richtig 1 Punkt

16. Tag

Aufgabe A: Differenzierungsaufgabe

MATERIAL: Arbeitsblatt s. Aufgabe B, 10. Tag, roter und grüner Stift

INSTRUKTION:
- Ihr habt wieder ein Arbeitsblatt mit Bäumen vor euch.
- Heute geht es darum, dass ihr alle Bäume, die so aussehen (Trainer zeigt), einmal rot durchstreicht, und alle Bäume, die so aussehen (Trainer zeigt), zweimal grün durchstreicht.
- Ihr sollt dabei der Reihe nach vorgehen, dass heißt, ihr müsst oft den Stift wechseln.
- Die erste Zeile machen wir wieder gemeinsam.

Abbildung:

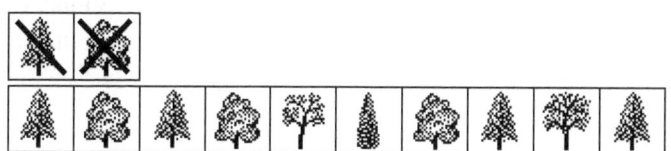

Aufgabe B: Einkaufen

Material: 12 verschiedene Gegenstände, die eingekauft werden können. Besonders geeignet sind die Originale und nicht Spielmodelle, z. B. Brot, Brötchen, Brause, Butter, Zahnpasta, Zahnbürste, Seife, Kekse, Schokolade, eine Tasche.
INSTRUKTION:
- Wir kaufen jetzt ein!
- Auf dem Tisch liegen lauter Sachen, die wir einkaufen können.
- Es geht immer der Reihe nach. Wer dran ist, kann etwas in die Tasche legen.
- Vorher muss er sagen, was schon in der Tasche ist.
- Merkt euch die Sachen, die die anderen in die Tasche gelegt haben.

Punktebewertung 16. Tag

Aufgabe A

9 – 10 Zeilen richtig	4 Punkte
7 – 8 Zeilen richtig	3 Punkte
5 – 6 Zeilen richtig	2 Punkte
3 – 4 Zeilen richtig	1 Punkt

Aufgabe B

11 – 12 Dinge gemerkt	6 Punkte
9 – 10 Dinge gemerkt	5 Punkte
7 – 8 Dinge gemerkt	4 Punkte
5 – 6 Dinge gemerkt	3 Punkte
4 Dinge gemerkt	2 Punkte
3 Dinge gemerkt	1 Punkt

17. Tag

Aufgabe A: Suchbild

MATERIAL: BUMMI-Suchbild, auf dem viel abgebildet ist, (z. B. 12/1988), Liste mit den Dingen, die im Bild wiedergefunden werden sollen, Buntstifte

INSTRUKTION:
- Ihr habt vor euch ein Bild und darunter eine Liste.
- Sucht in dem Bild die Dinge, die darunter abgebildet sind.
- Malt immer mit demselben Buntstift einen Kreis um das Tier oder den Gegenstand, das/den ihr im Bild gefunden habt, und streicht es/ihn in der Liste durch.

Aufgabe B: Steckspiel

MATERIAL: Steckspiel (z. B. eibe-Katalog, Art.-Nr. 680 0080 »Riesensteckbrett 400«)

INSTRUKTION:
- Wir wollen jetzt mit den drei vor euch liegenden Farben ein Muster stecken.
- Das Muster soll das Brett umranden, wir stecken einen Bilderrahmen.
- Die drei Farben sollen sich immer abwechseln (z. B. rot, gelb, grün, rot, gelb ...).
- In diesem Rahmen wollen wir anschließend mit denselben Farben eine Blume stecken, die sich jeder selbst ausdenken darf.

Abbildung:

○ Steckloch ● rot ✻ gelb ◆ grün

Punktebewertung 17. Tag

Aufgabe A

9 – 10 Dinge richtig	5 Punkte
7 – 8 Dinge richtig	4 Punkte
6 Dinge richtig	3 Punkte
5 Dinge richtig	2 Punkte
4 Dinge richtig	1 Punkt

Aufgabe B

Rand richtig und Blume	5 Punkte
Rand richtig, Blume angefangen	4 Punkte
Rand richtig	3 Punkte
3 Seiten richtig	2 Punkte
2 Seiten richtig	1 Punkt

---

18. Tag

Aufgabe A: Labyrinth

MATERIAL: Arbeitsblatt, auf dem zwei Enten abgebildet sind, die durch einen schmalen Kanal schwimmen, Bleistift

INSTRUKTION:
- Auf eurem Blatt sind zwei Enten.
- Das Küken hier unten möchte zu der Entenmama hier oben (zeigen).
- Malt mit dem Bleistift den Weg, den die Ente schwimmen muss!
- Passt auf, dass ihr nicht den Rand (das Ufer) berührt, das ist dann ein Fehler.
- Arbeitet sorgfältig. Ihr habt genügend Zeit.

Abbildung:

Aufgabe B: Zuordnungsaufgabe

MATERIAL: 100 Muggelsteine in 4 Farben, Arbeitsschalen, Arbeitsblatt

INSTRUKTION:
- Sortiert zuerst eure Muggelsteine nach der Farbe.
- Jede Farbe muss in einer Extraschale liegen. Die gelben hier, die roten hier.
- Danach sollen die Muggelsteine auf dem vor euch liegenden Arbeitsblatt auf die jeweils dafür vorgesehenen Kreise gelegt werden.
- Die roten Muggelsteine kommen auf die Kreise mit einem Punkt, die grünen auf die Kreise mit zwei Punkten, die gelben auf die Kreise mit drei Punkten und die blauen auf die Kreise mit vier Punkten (Trainer zeigt).

Abbildung:

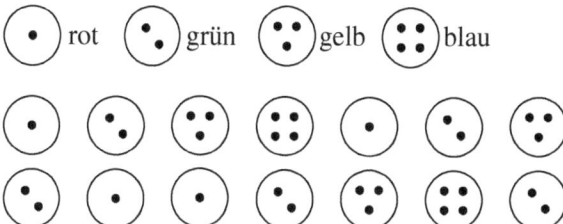

Punktebewertung 18. Tag

Aufgabe A

0 – 4 Fehler	4 Punkt
5 – 9 Fehler	3 Punkte
10 – 14 Fehler	2 Punkte
15 – 20 Fehler	1 Punkt

Über den Rand gemalt zählt als zwei Fehler, Rand berührt zählt als ein Fehler.

Aufgabe B

richtig sortiert und 9 – 10 Zeilen bearbeitet	6 Punkte
richtig sortiert und 7 – 8 Zeilen bearbeitet	5 Punkte
richtig sortiert und 6 Zeilen bearbeitet	4 Punkte
richtig sortiert und 5 Zeilen bearbeitet	3 Punkte
richtig sortiert und 4 Zeilen bearbeitet	2 Punkte
richtig sortiert und 3 Zeilen bearbeitet	1 Punkt

Bei Sortierfehlern entsprechend Punktabzug.

19. Tag

Aufgabe A: Bild ergänzen

MATERIAL: Arbeitsblatt, Bleistift, Farbstifte

INSTRUKTION:
- Auf dem Blatt vor euch seht ihr zwei Autos.
- Bei dem einen ist alles dran, bei dem anderen fehlt einiges.
- Wenn ihr etwas findet, was bei dem einen Auto fehlt, dann zeichnet es ein.
- Das eine Auto soll zum Schluss wie das andere aussehen.
- Anschließend soll das von euch ergänzte Auto ausgemalt werden.

Abbildung:

Aufgabe B: Geräusche erkennen

MATERIAL: 12 Dinge des täglichen Gebrauchs, mit denen Geräusche erzeugt werden können (z. B. Glas und Kanne mit Wasser, verschiedenes Papier, Schere, Metallkugeln, Topfdeckel usw.).

INSTRUKTION:
- Wir wollen heute prüfen, wie gut ihr hören könnt.
- Ich habe hier verschiedene Gegenstände, mit denen man Geräusche erzeugen kann.
- Zunächst wollen wir hören, welche Geräusche zu welchen Gegenständen gehören (Trainer demonstriert).
- Wir hören die Geräusche der Gegenstände einmal mit offenen und einmal mit geschlossenen Augen.
- Nun werde ich euch die Augen verbinden.
- Ich werde jedes Kind aufrufen, ein bestimmtes Geräusch erzeugen, und das aufgerufene Kind sagt mir, mit welchem Gegenstand das Geräusch erzeugt wurde.
- Jeder kommt reihum sechsmal dran.
- Wer nicht an der Reihe ist, verhält sich ganz ruhig.

Wir wiederholen das Spiel, indem jeder von euch einmal Trainer sein darf.

Punktebewertung 19. Tag

Aufgabe A

alles ergänzt und sauber ausgemalt	4 Punkte
alles ergänzt und unsauber ausgemalt	3 Punkte
1 Fehler, sauber ausgemalt	3 Punkte
1 Fehler, unsauber ausgemalt	2 Punkte
2 Fehler, sauber ausgemalt	1 Punkt

Aufgabe B

0 Fehler	6 Punkte
1 Fehler	5 Punkte
2 Fehler	4 Punkte
3 Fehler	3 Punkte
4 Fehler	2 Punkte
5 Fehler	1 Punkt

Bei dem anschließenden Spiel, bei dem die Kinder abwechselnd Trainer sein dürfen, kann der Trainer Zusatzpunkte vergeben.

---

20. Tag

Aufgabe A: Transformationsaufgabe

MATERIAL: s. 11. Tag, Aufgabe A

INSTRUKTION:
- Wir wollen heute prüfen, wie gut ihr auf mit den Augen wahrgenommene Gegenstände reagieren könnt.
- Wenn ich euch einen Kreis zeige, klopft ihr mit der linken flachen Hand (Trainer demonstriert) auf den Tisch.
- Wenn ich euch ein Viereck zeige, klopft ihr mit der rechten Faust (Trainer demonstriert) auf den Tisch.
- Wenn ich euch ein Dreieck zeige, klopft ihr mit beiden Ellbogen (Trainer demonstriert) auf den Tisch.
- Es arbeitet immer das Kind, das von mir dazu aufgefordert wird.
- Die anderen sind still und passen sehr gut auf.

Wenn ihr bei der ersten Aufgabe sehr konzentriert mitgearbeitet habt, darf einer von euch (oder auch mehrere) selbst einmal Trainer sein.

Aufgabe B: Puzzles

MATERIAL: Zwei 6teilige Puzzles (z. B. aus zerschnittenen Postkarten).

Instruktion:
- Ihr habt vor euch zwölf Teile von zwei Bildern liegen.
- Ihr habt die Bilder vorher nicht gesehen.
- Ihr sollt aus jeweils sechs Teilen ein Bild legen.
- Anschließend soll jeder zu seinen beiden Bildern den anderen eine kurze Geschichte erzählen.

Muster:

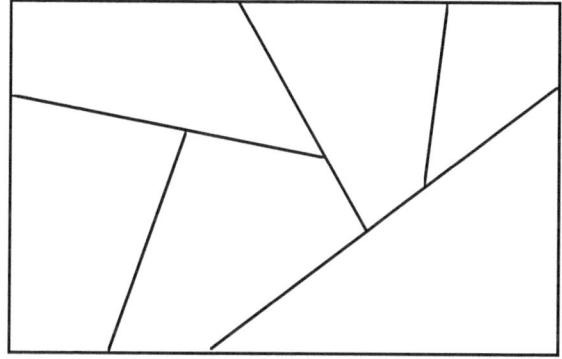

Punktebewertung 20. Tag

Aufgabe A

0 Fehler	6 Punkte
1 Fehler	5 Punkte
2 Fehler	4 Punkte
3 Fehler	3 Punkte
4 Fehler	2 Punkte
5 Fehler	1 Punkt

Aufgabe B
zwei Puzzles richtig 4 Punkte
ein Puzzle richtig, zweites Puzzle mindestens
 zur Hälfte 3 Punkte
ein Puzzle richtig 2 Punkte
ein Puzzle mindestens zur Hälfte 1 Punkt

Erfahrungen mit diesem Programm

Im abschließenden Kapitel soll zusammenfassend über Ergebnisse mit dem Konzentrationstrainings-Programm bei Vorschulkindern berichtet werden.

Eingangs sei nochmals an die generelle Zielstellung des KTP erinnert:

- Vermittlung eines reflexiven kognitiven Arbeitsstils,
- Verbesserung der Selbststeuerung beim Lösen von fremd gesetzen Aufgaben,
- Vermeidung von Fehlern,
- Verbesserung der Ausdauer,
- bessere Verfügbarkeit über die intellektuellen und energetischen Ressourcen.

In der nachfolgenden Ergebnisdarstellung beziehen wir uns ausschließlich auf Untersuchungen mit kontrollierten Versuchsplänen und verzichten hier auf Arbeiten, die mit Ein-Gruppen-Versuchsplänen arbeiteten. Es wird Aufgabe einer späteren Metaanalyse sein, auch diese Untersuchungsergebnisse im Rahmen umfassender Analysen zu berücksichtigen.

MAY, SCHOLZ und SCHULZ (1991) arbeiteten mit 68 Kindern, wobei anhand einer Parallelisierung über die Intelligenztestergebnisse 35 Probanden in das Konzentrationstraining einbezogen wurden und 33 eine untrainierte Kontrollgruppe bildeten. Als wesentliche Ergebnisse dieser Untersuchung sind hervorzuheben:

1. Das Konzentrationstrainings-Programm fördert einen reflexiven Arbeitsstil, der sich sowohl in einer signifikanten Reduktion des Arbeitstempos als auch einer Abnahme der Fehlerzahl (Leistungsgüte) bemerkbar macht. Dieses Ergebnis konnte sowohl im Längsschnitt als auch im Posttestvergleich von Trainings- und Kontrollkindern nachgewiesen werden.
2. Mädchen waren den Jungen bezüglich ihrer konzentrativen Fähigkeiten vor dem Training leicht überlegen. Vom Training haben die Mädchen im allgemeinen stärker als die Jungen profitiert, da sich bei ihnen eine statistisch bedeutsame höhere Tempo- und Fehlerreduktion nachweisen ließ.
3. Leistungsunterschiede, die auf Altersunterschiede zurückzuführen sind, werden durch das Konzentrationstrainings-Programm nicht nivelliert.
4. Die größten Verbesserungen in der Leistungsgüte wurden einerseits von Kindern mit ungünstigeren Ausgangswerten im Intelligenztest und andererseits von Kindern, die vor dem Training als massiv überaktiv und unkonzentriert geschildert wurden, erzielt.

BERGMANN (1996) und MAYER (1996) arbeiteten mit 78 Kindergartenkindern, die das fünfte Lebensjahr vollendet hatten und deren Eltern Interesse an einem Konzentrationstraining äußerten. Unter Berücksichtigung der Leistungen im Intelligenztest wurden etwa zwei Drittel der Stichprobe der Trainingsgruppe (n = 52) und die restlichen Kinder der Kontrollgruppe (n = 26) zugewiesen. Der Anteil von Jungen und Mädchen in Trainings- und Kontrollgruppe war balanciert.

Bei unserem Versuchsplan handelt es sich um eine Prä-Post-Analyse bei einer Trainingsgruppe und einer Kontrollgruppe. Die Ergebnisse sind für die Versuchsgruppe im Längsschnitt und zwischen Versuchsgruppe und Kontrollgruppe in jedem Fall statistisch signifikant (p = 0,01). Es handelt sich also um einen globalen Effizienznachweis für das oben skizzierte Konzentrationstrainings-Programm. Folgende Hypothesen wurden dabei überprüft (Abb. 1 bis 3):

1. Das Konzentrationstrainings-Programm führt zu einer Verbesserung des qualitativen Aspektes konzentrativen Verhaltens. Die spezifische Wirkung des Trainingsprogramms zeigt sich in einer Abnahme der Fehlerzahl des KHV (qualitative Veränderung konzentrativen Verhaltens) und in einer Abnahme der Fehlerzahl im MFF-20 (Veränderung des Arbeitsstils in Richtung Reflexivität) (vgl. Abb. 1).

Abbildung 1 verdeutlicht, dass die Trainingsgruppe hinsichtlich des qualitativen Aspekts konzentrativen Verhaltens eine deutliche Entwicklungsveränderung sowohl im KHV als auch im MFF aufweist.

Die trainierten Kinder arbeiten also sorgfältiger als die untrainierten, was sich im Rückgang um durchschnittlich 3,1 Fehler im KHV bzw. 4,8 Fehler im MFF zeigt.

Beim KHV können die Kinder der nicht trainierten Kontrollgruppe einen leichten Übungsgewinn bei einer Abnahme von 0,6 Fehlerpunkten verzeichnen, der aber deutlich unter den Veränderungen der trainierten Kinder liegt. Beim MFF hat dagegen die Testwiederholung keinen positiven Effekt. Hier verschlechtert sich das Resultat der untrainierten Kinder sogar um durchschnittlich 1,2 Fehler gegenüber dem Ausgangsniveau.

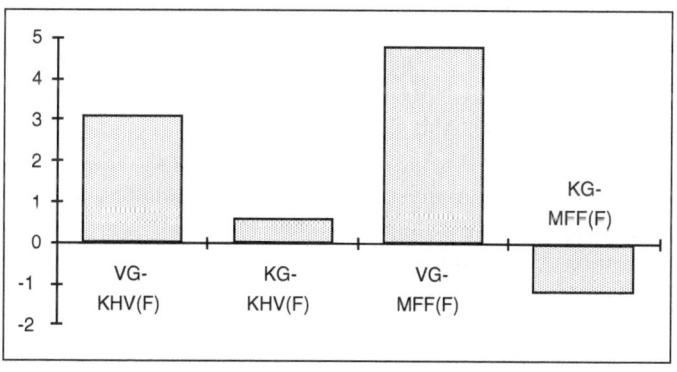

Abb. 1: Veränderung der Fehlerwerte im KHV und MFF

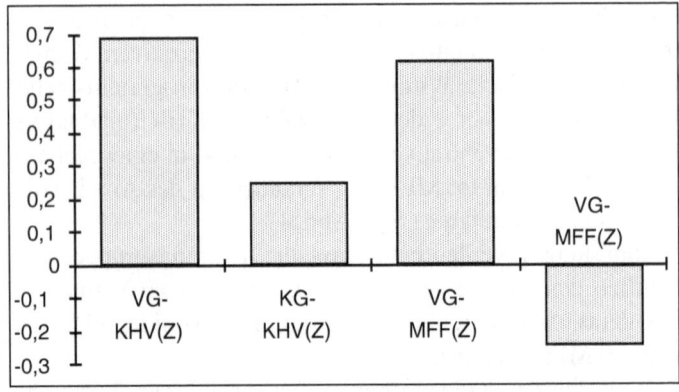

Abb. 2: Veränderung der Zeitwerte im KHV und MFF

2. Das Konzentrationstrainings-Programm nimmt Einfluss auf das Arbeitstempo der Kinder.

Es ist ein erklärtes Ziel des Konzentrationstrainings-Programms, die Kinder zu mehr Ausdauer, zu überlegterem und reflexiverem Verhalten zu führen.

Damit ist also langsameres Arbeiten der verhaltenstherapeutisch beeinflussten Kinder gegenüber der Kontrollgruppe zunächst durchaus erwünscht.

Eine entsprechende Verhaltensänderung muss sich also in einer Zunahme der Arbeitszeit bei den Kindern der Trainingsgruppe zeigen (vgl. Abb. 2).

Abbildung 2 lässt erkennen, dass die Kinder der Trainingsgruppe in beiden Analyseverfahren ihre Arbeitszeit verlängern. Die Kontrollgruppe arbeitet im KHV um durchschnittlich 15 Sekunden langsamer, im MFF dagegen um den gleichen Betrag schneller.

3. Trainierte Kinder können besser als untrainierte über ihre kognitiven Fähigkeiten verfügen (Abb. 3).

Aus Abbildung 3 geht hervor, dass im Prä-Post-Test-Ver-

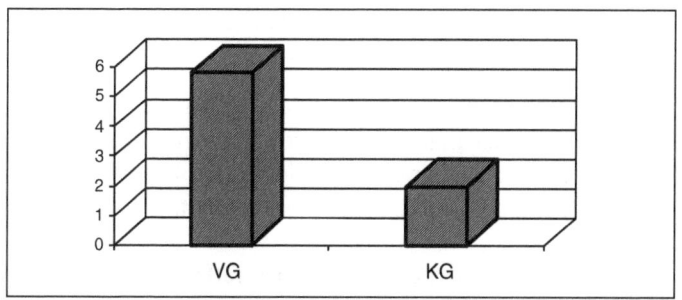

Abb. 3: Durchschnittliche Prä-Postdifferenz des Intelligenzquotienten bei Trainings- und Kontrollgruppen

gleich die Kinder der Trainingsgruppe einen deutlich höheren Zuwachs an IQ-Punkten erreichen. Diesen Befund führen wir neben dem Wiederholungseffekt darauf zurück, dass die trainierten Kinder ihre kognitiven Fähigkeiten – weil nunmehr bewusster und zielgerichteter eingesetzt – besser nutzen können.

Mit den Arbeiten von Bergmann und Mayer konnte gezeigt werden, dass nicht nur die angezielten Trainingseffekte

– Verbesserung der Qualität des Arbeitsverhaltens und
– reflexiverer Arbeitsstil

überzeugend nachweisbar sind, sondern sich offensichtlich auch Transfereffekte des verhaltenstherapeutischen Konzentrationstrainings ergeben, die eine bessere Nutzung der kognitiven Fähigkeiten (Intelligenz) ermöglichen.

MAYER (1996) ging zusätzlich der Frage nach, inwieweit die Applikationsform des KTP für Vorschulkinder Einfluss auf den Trainingserfolg nimmt. Sie berichtet u. a. über den Vergleich zwischen

– einem Langzeit-Training: Das KTP wurde über 10 Wochen mit wöchentlich 2 Trainingseinheiten durchgeführt.
– einem Kurzzeittraining über 4 Wochen: Mit den Kindern wurde täglich am Vormittag trainiert.

– einem Kurzzeittraining über vier Wochen: Mit den Kindern wurde täglich am Nachmittag trainiert.

Aus den Ergebnissen geht hervor, dass ein tägliches Training über 4 Wochen der Langzeitvariante mit einem zweimaligen Training pro Woche überlegen ist und dies unabhängig davon, ob die Kinder am Vormittag oder am Nachmittag betreut wurden.

Die Kinder verinnerlichen also einen reflexiven, fehlervermeidenden Arbeitsstil um so rascher, je häufiger sie dieses Verhalten demonstriert bekommen und es von ihnen selbst ausgeführt wird.

FORKER-TUTSCHKUS (1996) arbeitete mit 74 Vorschulkindern, die sie auf drei Untersuchungsgruppen aufteilte:

1. Konzentrationstrainings-Programm (n = 24),
2. KTP und Progressive Muskelrelaxation (PMR) (n = 25) und
3. untrainierte Kontrollgruppe (n = 25)

Hinsichtlich des therapeutischen Effekts unterscheiden sich die Ergebnisse von BERGMANN, MAYER und FORKER-TUTSCHKUS beim Vergleich trainierter und untrainierter Kinder nicht. Auch hier ist neben den spezifischen Effekten bezüglich der konzentrativen Fähigkeiten hervorzuheben, dass die trainierten Kinder nach dem Training besser ihre intellektuellen Fähigkeiten nutzen können. Zu ähnlichen Ergebnissen kommt JESCHKE (1996) an 41 Vorschulkindern.

Uns interessierte weiterhin, ob es Unterschiede zwischen der KTP-plus-PMR-Gruppe und der KTP-Gruppe gibt.

Die Ergebnisse von FORKER-TUTSCHKUS deuten an, dass die zusätzliche Progressive Muskelrelaxation zu einer Freisetzung energetischer Potenzen führt. Diese Kinder arbeiten signifikant schneller als die Kinder der ausschließlich mit KTP behandelten Gruppe, ohne dass qualitative Einbußen zu verzeichnen waren.

SCHUHMANN (1995) arbeitete mit 46 Kindergartenkindern. Ihre Stichprobe weist insofern eine Besonderheit auf, als sich in ihr 17 Kinder befanden, die vom Schulbesuch zurückgestellt waren. Ferner wurde das Konzentrationstrainings-Programm nicht im Kindergarten, sondern in einer Schulpsychologischen Beratungsstelle durchgeführt.

Da die Trainingsergebnisse der Kindergartenkinder den genannten Untersuchungen entsprechen, konzentrieren wir uns hier auf die zurückgestellten Kinder, weil neben den Ergebnissen des Konzentrationstrainings-Programms im Sinne der Prä-Post-Analyse auch Nachuntersuchungen zur Schulbewährung vorliegen:

- Unmittelbar nach dem Training ergaben sich positive Veränderungen des Arbeitsverhaltens, objektiviert über Konzentrations-Handlungs-Verfahren und Erzieherfragebogen.
- Bei der Nachuntersuchung stellten drei von 17 Eltern keine Auswirkungen des KTP auf das Verhalten ihres Kindes fest, zwei Eltern verwiesen auf große Schwankungen in der Konzentrationsfähigkeit ihrer Kinder. Spürbar positive Veränderungen v.a. im Arbeitsverhalten und in der Belastbarkeit nannten 12 Eltern. Damit schätzten 64,7 Prozent der Eltern eines schon einmal vom Schulbesuch zurückgestellten Kindes ein, dass das KTP ihrem Kind für die Bewältigung schulischer Anforderungen hilfreich war.

Die referierten Untersuchungen sind als Nachweis der globalen Wirksamkeit des Konzentrationstrainings-Programms für Vorschulkinder zu werten. Es ist ein Therapieangebot, welches ergänzt und veränderten Rahmenbedingungen angepasst werden kann.

Untersuchungen zur differentiellen Indikation stehen noch aus und sind prinzipiell nur zu leisten, wenn neben einer vertiefenden Forschung auch Praktiker das Programm in ihre Arbeit einbeziehen und ihre Untersuchungsergebnisse für weiterführende Analysen der Herausgeberin dieses Programms zur Verfügung stellen. Hierfür im Voraus meinen Dank.

Literatur

ABELS, D. (1954/1974): Konzentrations-Verlaufs-Test. Handanweisung. Stuttgart-Bad Cannstein

ARNOLD, W. (1961/1975): Der Pauli-Test. München

BARCHMANN, H. (1983): Konzentrations-Trainings-Programm für Kinder. Promotion A, Universität Leipzig

BARCHMANN, H. (1988): Empirische Untersuchungen bei konzentrationsgestörten jungen Schulkindern – Diagnostik, Therapie und Prophylaxe. Promotion B, Universität Leipzig

BARCHMANN, H. und KINZE, W. (1985): Unterschiede in der Beurteilung kindlicher Verhaltensauffälligkeiten zwischen verschiedenen Bezugspersonen. In: Z. ärztl. Fortbildung 79, 1018–1020

BARCHMANN, H. und KINZE, W. (1987 a): Bedeutung von Geschlecht und Einschulungstermin auf den Schulerfolg im Grundschulalter. Ärztl. Jugendkd. 78, 316–324

BARCHMANN, H. und KINZE, W. (1987 b): Methodische Aspekte zur Diagnostik der Konzentrationsfähigkeit im Kindesalter. Psychologie für die Praxis

BARCHMANN, H. und KINZE, W. (1990): Musik bei Schulaufgaben – Anregung oder Störung? Unveröffentlichtes Manuskript. Lübben

BARCHMANN, H. und KINZE, W. (1991): Kinder mit überdurchschnittlicher Konzentrationsfähigkeit. In: BARCHMANN, H.; KINZE, W. und ROTH, N. (Hg.): Aufmerksamkeit und Konzentration im Kindesalter. Berlin

BARCHMANN, H.; KINZE, W. und ETTRICH, K.U. (1985): Therapie von Konzentrationsstörungen im Kindesalter. Psychologie für die Praxis

BARCHMANN, H.; ETTRICH, K.U. und KINZE, W. (1985): Therapie von Konzentrationsstörungen im Kindesalter. In: Psychologie für die Praxis 2, 143–149

BARCHMANN, H.; KINZE, W. und ETTRICH, K.U. (1986): Die Bedeutung der »motometrischen Entwicklungsdiagnostik« nach Kurth für die Kinderneuropsychiatrie. In: Psychologie für die Praxis 1, 58–63

BARCHMANN, H.; ETTRICH, K.U. und KINZE, W. (1987): Methodische Aspekte zur Diagnostik der Konzentrationsfähigkeit im Kindesalter. Psychologie für die Praxis, 156–160

BARCHMANN, H.; KINZE, W. und ROTH, N. (Hg.) (1991): Aufmerksamkeit und Konzentration im Kindesalter. Berlin

BARCHMANN, H.; ETTRICH, K.U.; KINZE, W. und RESCHKE, K. (1986): Konzentrationstraining. Ein Therapieprogramm für Kinder von 6 bis 10. Leipzig

BARCHMANN, H.; ETTRICH, K.U.; KINZE, W. und RESCHKE, K. (1988): Konzentrationstraining. Ein Therapieprogramm für Kinder von 6 bis 10. Leipzig

BARCHMANN, P. (1976): Das Hyperkinetische Syndrom im Kindesalter. Richtlinien für den behandelnden Arzt unter der Berücksichtigung der Therapie mit Methylphenidat. Bern

BERG, D. (1987): Konzentrationsschwierigkeiten bei Schulkindern. In: HORN, R. u.a. Tests und Trends 6. München, 65–102

BERG, D. (1991 a): Psychologische Grundlagen und Konzepte von Aufmerksamkeit und Konzentration. In: BARCHMANN, H.; KINZE, W. und ROTH, N. (Hg.): Aufmerksamkeit und Konzentration im Kindesalter. Berlin

BERG, D. (1991 b): Strategien zur Diagnostik von Konzentrationsstörungen. In: BARCHMANN, H.; KINZE, W. und ROTH, N. (Hg.): Aufmerksamkeit und Konzentration im Kindesalter. Berlin

BERGMANN, G. (1996): Veränderungswerte kognitiver Parameter bei Vorschulkindern in Abhängigkeit vom Einsatz eines Konzentrations-Trainings-Programms. Diss., Universität Leipzig

BIERMANN, G. (1978): Autogenes Training mit Kindern und Jugendlichen. München, Basel

BINAS, D. (1973): Konzentrations-Trainings-Programm für Kinder des 3. und 4. Schuljahres (KTP 3 – 4). Weinheim

BRICKENKAMP, R. (1975): Handbuch psychologischer und pädagogischer Tests. Göttingen

BRICKENKAMP, R. (1978): Test d2. Aufmerksamkeits-Belastungs-Test. Göttingen

BRICKENKAMP, R. (1983): Erster Ergänzungsband zum Handbuch psychologischer und pädagogischer Tests. Göttingen

BURNETT, K.F.; TAYLOR, B.C. und AGRAS, W. (1985): Ambulatory Computer-Assisted Therapy for Obesity. A New Frontier for Behavior Therapy. Journal of Consulting and Clinical Psychology 53, 5

BUSEMANN, H. (1959): Psychologie der Intelligenzdefekte. Basel

CAMMANN, R. und SPIEL, G. (1991): Neurophysiologische Grundlagen von Aufmerksamkeits- und Konzentrationsleistungen. In: BARCHMANN, H.; KINZE, W. und ROTH, N. (Hg.): Aufmerksamkeit und Konzentration im Kindesalter. Berlin

CANTWELL, D.P. (1975): Genetic studies of Hyperactive Children, In: FIEVE, R.; ROSENTHAL, R.; BRILL, H.: Genetic Resesearch in Psychiatry. Baltimore

CATTELL, R.B. (1975): Handbook for the Children's Personality Questionnaire (CPQ). Illinois

CATTELL, R.B. und WEISS, R.H. (1978): Grundintelligenztest CFT 20. Braunschweig

CONNERS, C.K. (1969): A teacher rating scale for use in drug studies with children. American Journal of Psychiatry, 126, 883–888

CONNERS, C.K. (1970): Symptom patterns in hyperkinetic, neurotic and normal children. Child Development 41, 668–682

CONNERS, C.K. (1973): Rating scales for use in drug studies with children. Psychopharmacology Bull. – Special Issue

CRUICKSHANK, W.M. u.a. (1961): A teaching method for brain inuured and hyperactive children. Syracuse

CZERWENKA, K. (1993): Unkonzentriert, aggressiv und hyperaktiv. Wer kann helfen? In: Zeitschr. f. Pädagogik 39, 721–744

CZERWENKA, K. (1994): Das hyperaktive Kind. Ursachenforschung – Pädagogische Ansätze – Didaktische Konzepte. Weinheim

DÖPFNER, M.; SCHLÜTER und REY, E.R. (1981): Evaluation eines sozialen Kompetenztrainings für selbstunsichere Kinder von neun bis zwölf Jahren – Ein Therapievergleich. Zeitschrift für Kinder- und Jugendpsychiatrie

DRUMMER, H. (1993): Untersuchungen zum Konzentrationstraining unter Beachtung verschiedener Trainingsmodifikationen. Diplomarbeit, Institute für Psychologie, Universität Leipzig,

DRUMMER, H. und RESCHKE, K. (1994): Intervention bei Konzentrationsstörungen durch Schulpsychologen. In: RESCHKE, K. (Hg.): Zur gesunden Schule unterwegs. Regensburg

DÜKER, H. und LIENERT, G.A. (1965): Der Konzentrations-Leistungs-Test. Handanweisung. Göttingen

DUTSCHMANN, A.; GEMKOW, D.; SÜSMUTH, E. und MLODY, V. (1985): Einsatz des Computers in Kindertherapie und Heilpädagogik. (unveröff. Arbeitsbericht) Lernzentrum Bedburg-Hau

DUTSCHMANN, A.; GEMKOW, D. und MLODY, V. (1986): Computereinsatz in der Kindertherapie (unveröff. Arbeitsbericht). Lernzentrum Bedburg-Hau

EGGER, J. (1995): Möglichkeiten von Diätbehandlungen bei hyperkinetischen Störungen, In: STEINHAUSEN, H.-C. und ALSTER, M. v. (Hg.): Handbuch der Verhaltenstherapie und Verhaltensmedizin bei Kindern und Jugendlichen. Weinheim

EGGER, J.; CARTER, C. M.; GRAHAM, P. J.; GUMLEY, D. & SOOTHILL, J. F. (1985): Controlled trial of oligoantigenic Treatment in the Hyerkinetic syndrome. Lancet ii: 540–545

EGGERT, D. (Hg.) (1975): Hannover-Wechsler-Intelligenztest für Vorschulkinder (HAWIVA). Göttingen

EICHLSEDER, W. (1987): Unkonzentriert? Hilfen für hyperaktive Kinder und ihre Eltern. München

EICHLSEDER, W. (1988): Psychopharmaka viel besser als Psychologen. In: Medical Tribune 45, 4–5

EISERT, H. G.; EISERT, M. (1992): Multimodale Intervention – Verhaltenstherapeutische, pädagogische Ansätze und medikamentöse Behandlung beim hyperkinetischen Syndrom, In: STEINHAUSEN, H.-C. (Hg.): Das konzentrationsgestörte und hyperaktive Kind – Ergebnisse aus Klinik und Forschung. Stuttgart

ENNS, J.T. (Hg.) (1990): The development of attention. Amsterdam u.a.: North-Holland, XV, 569

ERIKSON, E.H. (1971): Kindheit und Gesellschaft. Stuttgart

ETTRICH, C. (1994 a): Hyperaktive Kinder und ihre Umwelten – Möglichkeiten der therapeutischen Einflußnahme. In: RESCHKE, K. (Hg.): Zur gesunden Schule unterwegs. Regensburg

ETTRICH, C. (1994 b): Entwicklungsneurologische Längsschnittdaten im Rahmen einer komplexen Entwicklungsdiagnostik als Basis für Schuleingangsuntersuchung und Schulbewährung. Frankfurt a.M.

ETTRICH, C. (1995 a): Hyperaktive Kinder und ihre Umwelten – Integration statt Ausgrenzung. Extracta psychiatrica 6, 20–24

ETTRICH, C. (1995 b): Therapie des hyperkinetischen Syndroms. Extracta psychiatrica. 12, 20–24

ETTRICH, C. und ETTRICH, K.U. (1988): Interdisziplinäre Untersuchungen zur Früh- und Differentialdiagnostik von Entwicklungsgefährdungen im Vorschulalter. Psychologie für die Praxis 6, 49–59

ETTRICH, C. und ETTRICH, K.U. (1990): Die Entwicklung des Leistungs- und Sozialverhaltens drei- bis fünfjähriger Vorschulkinder im psychosozialen Kontext. In: SCHROEDER, H. und RESCHKE, K.: 15 Jahre Psychologie an der Alma mater Lipsiensis. Standpunkte und Perspektiven, Sektion Psychologie, Universität Leipzig

ETTRICH, C. und ETTRICH, K.U. (1991): Differentielle Entwicklungsverläufe psychologischer und neurologischer Parameter bei Jungen und Mädchen von 3 bis 7 Jahren. Forschungsbericht 1/1991. Fachbereich Psychologie und Neuropsychiatrische Klinik für Kinder und Jugendliche, Universität Leipzig

ETTRICH, C. und ETTRICH, K.U. (1993): Pragmatische Aspekte der Therapie hyperkinetischer Kinder. In: 2. Symposium des AÜK, Hannover

ETTRICH, C. und RESCHKE, K (1988): Ambulante Erfahrungen mit dem Konzentrationstraining. In: BARCHMANN, H.; ETTRICH, K.U.; KINZE, W. und RESCHKE, K.: Konzentrationstraining – Ein Therapieprogramm für Kinder von 6 bis 10. Leipzig

ETTRICH, K.U. (1985): Kinderbeobachtungsbogen (KBB). Psychodiagnostisches Zentrum, Berlin

ETTRICH, K.U. (1989): Diagnostik konzentrativer Fähigkeiten – Das Konzentrations-Handlungs-Verfahren für Vorschulkinder (KHV-VK), In: ETTRICH, K.U. (Hg.): Entwicklungsdiagnostik im Vorschulalter. Leipzig

ETTRICH, K.U. (Hg.) (1989): Entwicklungsdiagnostik im Vorschulalter. Leipzig

ETTRICH, K.U. (1990): Entwicklungspsychologische Grundlagen der Medizinischen Psychologie. In: SCHROEDER, H.; RESCHKE, K. und SCHUMACHER, J. (19): Entwicklungslinien der Medizinischen Psychologie, Universität Leipzig

ETTRICH, K.U. (1991): Zur Entwicklung von Konzentrationsleistungen im Kleinkind- und Vorschulalter, In: BARCHMANN, H.; KINZE, W. und ROTH, N. (Hg.): Aufmerksamkeit und Konzentration im Kindesalter. Berlin

ETTRICH, K.U. (1993): Untersuchungen zur Konzentrationsfähigkeit im Vorschulalter – Ergebnisse mit dem Konzentrations-Handlungs-Verfahren für Vorschulkinder. In: LANGFELDT, H.P.; TROLLDENIER, H.P. (Hg.): Pädagogisch-psychologische Diagnostik. Aktuelle Entwicklungen und Ergebnisse. Heidelberg 1993

ETTRICH, K.U. (1994): Belastungserleben und Copingstrategien von Schülern in Abhängigkeit Selbstkonzeptmerkmalen, Familienklima und Schulklima. In: RESCHKE, K. (Hg.): Zur gesunden Schule unterwegs. Regensburg

ETTRICH, K.U. und FRIES, M. (Hg.) (1996): Lebenslange Entwicklung in sich wandelnden Zeiten. Landau

ETTRICH, K.U. und PIONTEK, F. (1991): Die Entwicklung des Leistungsverhaltens drei- bis fünfjähriger Kinder in Abhängigkeit von familiären Einflussfaktoren. In: MOENKS, F.J. und LEHWALD, G.: Neugier, Erkundung und Begabung bei Kleinkindern. Basel

ETTRICH, K.U.; DIETRICH, L.; KLEMM, G. (1986): Sportpsychotherapie für Kinder. Crimmitschau

EYSENCK, M.W. (1982): Attention and Arousal. Cognition and Performance. Heidelberg

FEINGOLD, B.F. (1975): Why your child is hyperactiv. New York

FELIX, U. (1988): The effects of music, relaxation and other suggestopedic elements in a primary school German class: An experimental investigation. In: Per Linguam, 4, 24–45

FISCHER, B. und LEHRL, (Hg.) (1983): Gehirn-Jogging – Biologische und informationspsychologische Grundlagen des cerebralen Joggings. Tübingen

FORKER-TUTSCHKUS, A. (1996): »Konzentrationstrainingsprogramm in Verbindung mit Progressiver Muskelrelaxation – Eine empirische Studie an Vorschulkindern«. Diss., Universität Leipzig

FRANCK, B. (1985): Erprobung eines Konzentrationstrainingsprogramms bei 8- bis 12jährigen Kindern einer kinderneuropsychiatrischen Aufnahmestation. Diplomarbeit, Universität Leipzig

FRANKE, U. (Hg.) (1988): Aggressive und hyperaktive Kinder in der Therapie. Berlin

FREITAG, H.-J. (1990): Konzentration – ein Kinderspiel. Regensburg

FREY, A. (1995): Beobachten und Erkennen von Verhaltensauffälligkeiten in Kindereinrichtungen. Universität Koblenz-Landau, University Reports, Bericht 8

FRÖLICH, J. (1993): Möglichkeiten des Umgangs mit hyperkinetischen Kindern mit Störungen des Sozialverhaltens im Alter von 6–12 Jahren. Inauguraldissertation, Bonn

FROSTIG, M. und MASLOW, PH. (1973): Learning problems in the classroom. New York, London

FULTON, M.; RAAB, G.M.; THOMSON, G.O.B.; LAXEN, D.P.H.; HUNTER, R.; HEPBURN, W. (1987): Influence of blood lead on the ability and attainment of children of Edinburgh. Lancet, 1221–1226

GÖLLNITZ, G. (1981): Neuropsychiatrie des Kindes- und Jugendalters. Jena

GOODMAN, R. und STEVENSON, J. (1989): A Twin Study of Hyperactivity. Journal of Child Psychology and Psychiatry, 30, 5, 671–709

GUTHKE, J. (1972): Diagnostik der intellektuellen Lernfähigkeit. Deutscher Verlag der Wissenschaften, Berlin

HÄSSLER, F. und IRMISCH, G. (1995): Biochemische Parameter bei Kindern mit hyperkinetischem Syndrom. In: STEINHAUSEN, H.-C. und ALSTER, M. v. (Hg.): Handbuch der Verhaltenstherapie und Verhaltensmedizin bei Kindern und Jugendlichen. Weinheim

HAFER, H. (1986): Die heimliche Droge Nahrungsphosphat. Heidelberg

HELLER, K. und GEISLER, H.J. (1983): Kognitiver Fähigkeitstest – Kindergartenform (KFT-K), Göttingen

HELMKE, A. und RENKL, A. (1993): Unaufmerksamkeit in Grundschulklassen: Problem der Klasse oder des Lehrers? In: Zeitschr. f. Entwicklungspsychologie u. Pädag. Psychologie, 25, 185–205

HETZER, H. und TENT, L. (1967): Der Schulreifetest – Auslesemittel der Erziehungshilfe. Lindau/Bodensee.

HOCHMUTH, M. (1992): Autogenes Training und Progressive Muskelrelaxation für Eltern-Kind-Gruppen, Untersuchung, Erfahrungsbericht, Anleitung zum Handeln. Fachbereich Psychologie, Universität Leipzig

HOSSBACH, M. (1970): Trainingsversuche mit 8jährigen impulsiven Jungen. Diplomarbeit, Bochum

JESCHKE, B. (1996): Konzentrations-Trainings-Programm für Vorschulkinder unter Einbezug von Entspannungstechniken. Diplomarbeit, Institute für Psychologie, Universität Leipzig

KAGAN, J. (1966): Reflection-impulsivity: The generality of dynamics of conceptual tempo. J. Abnormal Psychology, 7, 17–24

KAGAN, J. (1968): Impulsive and reflexive children: The signivicance of the conceptuel tempo. In: KUHLEN, R.G.: Studies in Educational Psychology

KAGAN, J.; PEARSON, L. & WELCH, L. (1966): Conceptual Impulsivity and Inductive Reasoning. Child Development, 583–594, 121–133

KAGAN, M. (1975): A reply to some misgivings about the Matching. Familiar

Figures Test as a measure of reflection-impulsivity. Developmental Psychology 11, 244–248

KAMMERER, E.; SCHAFER, und MACK, B. (1981): Verhaltensmodifikatorische Gruppentherapie zur Reduktion extremer kindlicher Ängste vor dem Zahnarzt. Zeitschrift Kinder- und Jugendpsychiatrie 9

KANDELL, P.C. und FINCH, D.J. (1978): A cognitive-behavioural treatment for impulsivity: A group comparison study. Journal Consulting and Clinical Psychology 46

KANFER, F. H. (1989): Basiskonzepte in der Verhaltenstherapie: Veränderungen während der letzten 30 Jahre, In: HAND, I. und WITTCHEN, H.-U. (Hg.): Verhaltenstherapie in der Medizin. Berlin

KANFER, R. und ACKERMAN, P.L. (1989): Motivation and cognitive abilities: An integrative aptitude-treatment interaction approach to skill learning. Journal of Applied Psychology, 74, 657–690

KINZE, W. (1986): Diagnostik und Therapie von Konzentrationsstörungen im Kindesalter – eine mehrdimensionale Analyse von 248 verhaltensauffälligen Normalschulkindern. Diss. B, Medizinische Akademie, Magdeburg

KINZE, W. (1994 a): Hilfen für Eltern zur Behandlung, Ernährung und Auswahl helfender Institutionen. In: CZERWENKA, K. (Hg.): Das hyperaktive Kind. Ursachenforschung – Pädagogische Ansätze – Didaktische Konzepte. Weinheim

KINZE, W. (1994 b): Zum Stand der Diskussion um die medikamentöse Behandlung hyperkinetischer Kinder. In: CZERWENKA, K. (Hg.): Das hyperaktive Kind. Ursachenforschung – Pädagogische Ansätze – Didaktische Konzepte. Weinheim

KINZE, W. und BARCHMANN, H. (1984): Zur diagnostischen Wertigkeit des »Encephalopathie-Fragebogens« nach Meyer-Probst. In: Psychiat. Neurol. med. Psychol. 36, 161–163

KINZE, W. und BARCHMANN, H. (1989): Diagnostik und Therapieverlauf bei kinderneuropsychiatrischen Patienten mit leichter frühkindlicher Hirnschädigung. In: Wiss. Z. WPU-Rostock – N-Reihe 1, 51–52

KINZE, W. und BARCHMANN, H. (1990): Konzentrationsfähigkeit und Konzentrationsstörungen bei Schulkindern. Psychologie in Erziehung und Unterricht, Vol. 37, 13–25

KINZE, W. und BARCHMANN, H. (1991): Therapie mit Psychopharmaka und ihre Kombination mit psychotherapeutischen Verfahren. In: BARCHMANN, H.; KINZE, W. und ROTH, N. (Hg.): Aufmerksamkeit und Konzentration im Kindesalter. Berlin

KINZE, W. und BARCHMANN, H. (1993): Kinderpsychiatrische Erfahrungen mit der Behandlung von Störungen der Konzentrationsfähigkeit und des Sozialverhaltens. Heilpädagogische Forschung, 19, 164–169

KINZE, W. und SPIEL, G. (1991): Kinderneuropsychiatrische Aspekte. In: BARCHMANN, H., KINZE, W. und ROTH, N. (Hg.): Aufmerksamkeit und Konzentration im Kindesalter. Berlin

KINZE, W.; BARCHMANN, H. und ETTRICH, K.U. (1985): Möglichkeiten der Therapie von Konzentrationsstörungen im Kindesalter. Psychol. in Erz. und Unterricht 32, 14–20

KINZE, W.; BARCHMANN, H. und ETTRICH, K.U. (1986): Zur Pharmakotherapie von Schulkindern bei Konzentrationsstörungen und Verhaltensauffälligkeiten. In: Z. Klin. Medizin 41, 381–383

KINZE, W.; BARCHMANN, H.; DAMASCHKE, P. und CARUSO, M. (1986): Zur Wertigkeit der »Suturenknochen« bei der Diagnostik der leichten frühkindlichen Hirnschädigung. In: Psychiat. Neurol. med. Psychol. 38, 592–596

KINZE, W.; BARCHMANN, H.; ETTRICH, K.U. und HANDREG, W. (1984): Stimulanzienbehandlung konzentrationsgestörter Kinder. In: Psychologie für die Praxis 4, 322–328

KLEBER, E.W. (1991): Die Vielgeschichtigkeit der Konzentrationsprobleme im pädagogischen Feld und Maßnahmen zur Abhilfe. In: BARCHMANN, H.; KINZE, W. und ROTH, N. (Hg.): Aufmerksamkeit und Konzentration im Kindesalter. Berlin,

KLEBER, E.W. und KLEBER, G. (1974): Differentieller Leistungstest – KE (DL – KE). Göttingen

KLEBER, E.W. und STEIN, R.A. (1993): Konzentrationsprobleme – Fehldiagnose oder Zeitkrankheit? In: Heilpädagogische Forschung, 19, 147–152

KLEIN, L. (1993): Fragebogen zum Hyperkinetischen Syndrom und Therapieleitfaden. Weinheim

KLEINPETER, U. (1979): Folgezustände nach Schädel-Hirn-Traumen im Kindesalter und deren Begutachtung. Leipzig

KNEHR, E. und KRÜGER, K. (1976): Konzentrationsstörungen bei Kindern. Stuttgart

KOCH, I. und PLEISSNER, S. (1984): Das Konzentrations-Handlungs-Verfahren (KHV). Psychodiagnostisches Zentrum, Berlin

KÖSTER, H. (1974): Training von reflexivem Problemlöseverhalten bei kognitiv-impulsiven Vorschulkindern. Diplomarbeit, Bochum

KOSSOW, H. und VEHRESCHILD, TH. (1983): Zum Aufbau eines Konzentrationstrainingsprogramms für konzentrationsgestörte Kinder. Psychiat. Neurol. med. Psychol. 35, 31 –36

KRAMER, J. (1954): Intelligenztest. Solothurn

KRAMER, J. (1972): Kurze Anleitung zum Kramer Test (4. Aufl.) Solothurn

KRÖNER, B. und LANGENBUSCH, B. (1982): Untersuchung zur Frage der Indikation von autogenem Training bei kindlichen Konzentrationsstörungen. In: Psychotherapie, Psychosomatik, Medizinische Psychologie 32, 157–161

KUBINGER, K.D. und WURST, E. (1985): Adaptives Intelligenzdiagnostikum (AID). Weinheim

KUHLEN, V. (1972): Verhaltenstherapie im Kindesalter. München

KUNZE, CH. (1963): Untersuchungen zur Konzentrationsfähigkeit erfolgreicher und versagender Schulanfänger. Promotion A, Universität Leipzig
KURTH, E. (1967): Beziehungen zwischen Intelligenz und Konzentration. In: KLIX, F.; GUTJAHR, W. und MEHL, J. (Hg.): Intelligenzdiagnostik., Berlin
KURTH, E. (1984): Testreihen zur Prüfung der Konzentrationsfähigkeit von Schülern (TPK). Psychodiagnostisches Zentrum, Berlin
KURTH, E.; KOSSOW, H.-J.; KLEINPETER, U.; SCHULZ, G. (1979): Psychische Leistungsstörungen bei geistig normal entwickelten Schulkindern. In: KLEINPETER, U. und RÖSLER, H.-D. (Hg.): Ergebnisse interdisziplinärer Forschung zum geschädigten Kind. Leipzig
LA FONTAINE, J. (1963): Fabeln. Berlin
LAUTH, G.W. und SCHLOTTKE, P.F. (1991): Diagnostik und Behandlung von Kindern mit Aufmerksamkeitsstörungen und Hyperaktivität. München
LAUTH, G.W. und SCHLOTTKE, P.F. (1995): Training mit aufmerksamkeitsgestörten Kindern. Weinheim
LEITNER, W.G. (1993): Aufmerksamkeit und Konzentration bei Grundschulkindern. Ein aktueller Forschungsbereich der Grundschulpädagogik. In: Forschungsforum 5, 41–45
LEITNER, W.G. (1996): Aufmerksamkeit und Konzentration unter Musik- und Geräuscheinwirkung im Blickfeld neuerer Forschungsergebnisse. Habilitationsschrift. Fakultät für Biowissenschaften, Pharmazie und Psychologie. Universität Leipzig,
LEMPP, R. (1964): Frühkindliche Hirnschädigung und Neurose. Bern
LEONTJEW, A.N. (1973): Probleme der Entwicklung des Psychischen. Frankfurt a.M.
LINNEMANN, S. (1995): Pilotstudie zur Anwendung von Trainings-Programmen bei aufmerksamkeitsgestörten Kindern. Diplomarbeit, Universität Leipzig
LÖWE, H. (1964): Gruppenunterschiede zwischen Persönlichkeitsstrukturen leistungsversagender und leistungsbester Kinder. Probleme und Ergebnisse der Psychologie,9, 33–78,
LUCKERT, H (1993): Hyperaktivität als Zivilisationsstörung. In: PASSOLT, M. (Hg.): Hyperaktive Kinder: Psychomotorische Therapie. München
LURIA, A.R. (1970): Die höheren kortikalen Funktionen des Menschen und ihre Störung bei örtlicher Hirnschädigung. Berlin
MARTINIUS, J. (1984): Stimulanzien. In: NISSEN, G.; EGGERS, CH. und MARTINIUS, J. (Hg.): Kinder- und jugendpsychiatrische Pharmakotherapie. Heidelberg
MARTINIUS, J. (1984): Hyperkinetische Syndrome. In: NISSEN, G.; EGGERS, CH. und MARTINIUS, J. (Hg.): Kinder- und jugendpsychiatrische Pharmakotherapie. Heidelberg
MAY, U.; SCHOLZ, K. und SCHULZ, C. (1991): Erprobung eines Konzentra-

tions-Trainingsprogramms für Kinder im Vorschulalter. Wiss. Hausarbeit. Fachbereich Psychologie, Universität Leipzig

MAYER, K. (1996): Untersuchungen zu einem Konzentrations-Trainings-Programm im Vorschulalter. Diss., Universität Leipzig

MEICHENBAUM, D.H. (1979): Kognitive Verhaltensmodifikation. München

MEICHENBAUM, D.H. und GOODMAN, J. (1978): Training impulsive children to talk themselves. A means of developing self-control. Journal of abnormal Psychology, 46

MEYER, G. (1994): Montessori-Pädagogik in ihrer aktuellen Anwendung. Beobachtungen in Cincinnati/Ohio und in Frankfurt (Main), In: KALLERT, H.; ROTHENBURG, E.-M.; ILLERT, C. (Hg.): Außenansichten der Montessori- und Waldorfpädagogik. Frankfurt a.M.

MEYER-PROBST, B. (1984): Enzephalopathie-Fragebogen (EFB). Handanweisung. Psychodiagnostisches Zentrum, Berlin

MEYER-PROBST, B. und TEICHMANN, H. (1984): Risiken für die Persönlichkeitsentwicklung im Kindesalter: Rostocker Längsschnittstudie. Leipzig

MONTESSORI, M. (1968): Grundlagen meiner Pädagogik. Aufsätze zur Anthropologie und Didaktik. Besorgt und eingeleitet von B. Michael. Heidelberg

MORRISON, J.R. und STEWART, M.A. (1971): A family study of the hyperactive childs syndrome. Biol. Psychiat., 3, 189

MROCHEN, S. und KERKHOFF, W. (1994): Störungen der Aufmerksamkeit. In: Motorik, 17, 87–92

MUCHA, K. (1979): Förderung sozialer Handlungskompetenzen bei Kleinkindern. In: Selbstverwirklichung in einer demokratischen Gesellschaft. Grinstadt

NELSON, W. J. und BIRKIMER, J.C. (1978): Role of self-instruction and self-reinforcement in the modification of impulsivity. Journal of Consulting and Clinical Psychology 46

NICKEL, H. (1975): Entwicklungspsychologie des Kindes- und Jugendalters. Band I und II. Stuttgart:

NICKEL, H. und SCHMIDT-DENTER, U. (1990): Vom Kleinkind zum Schulkind. München

NICKEL, H. (1991): Die Entwicklung von Aufmerksamkeit und Konzentration aus ökologisch-systemischer Perspektive. In: BARCHMANN, H.; KINZE, W. und ROTH, N. (Hg.): Aufmerksamkeit und Konzentration im Kindesalter. Berlin

NISSEN, G. (1977) (Hg.): Intelligenz, Lernen und Lernstörungen. Berlin

NISSEN, G. (1987): Was wissen wir über die Therapie unruhiger Kinder? In: LEMPP, R. und SCHIEFELE, H. (Hg.): Ärzte sehen die Schule. Weinheim

PETERMANN, F. und PETERMANN, U. (1982): Erfassungsbogen für aggressives Verhalten in konkreten Situationen (EAS – J, EAS – M). Braunschweig

PETERMANN, F. und PETERMANN, U. (1993 a): Verhaltenstherapie mit Kindern. München

PETERMANN, F. und PETERMANN, U. (1993 b): Training mit aggressiven Kindern: Einzeltraining, Kindergruppe, Elternberatung. München

PETERMANN, F. und WARSCHBURGER, P. (1993): Neue Trends und Ergebnisse in der Kinderverhaltenstherapie: Ursachenforschung und Interventionen, In: PETERMANN, F. (Hg.): Verhaltenstherapie mit Kindern. Themen der 25. Verhaltenstherapiewoche 1992. München

PETERMANN, U. (1992): Training mit sozial unsicheren Vor- und Grundschulkindern. In: Verhaltenstherapie mit Kindern. Themen der 25. Verhaltenstherapiewoche 1992. München

PIAGET, J. (1991): Das Erwachen der Intelligenz beim Kinde. Gesammelte Werke. Stuttgart

PLEISSNER, S. (1967): Das Konzentrations-Handlungs-Verfahren – ein neues Verfahren zur Überprüfung der Konzentrationsfähigkeit im frühen Schulalter. In: KLIX, F.; GUJAHR, W. und MEHL, J. (Hg.): Intelligenzdiagnostik. Berlin

RAPP, G. (1982 a): Konzentrationsschwächen und -störungen. In: HONAL, W. H. (Hg.): Handbuch der Schulberatung

RAPP, G. (1982 b): Aufmerksamkeit und Konzentration. Bad Heilbrunn

RAVEN, J.C. (1965): Coloured Progressive Matrizes (CPM), Lewis, Lon-don

REMSCHMIDT, H.; SCHMIDT, M. (Hg.) (1985–1988): Kinder- und Jugendpsychiatrie in Klinik und Praxis, Band 1–3. Stuttgart

RENNEN-ALLHOFF, B. und ALLHOFF, P. (1987): Entwicklungstests für das Säuglings-, Kleinkind- und Vorschulalter. Berlin

RESCHKE, K. (Hg.) (1994): Zur gesunden Schule unterwegs. Regensburg

ROLLETT, B. (1993): Die integrativen Leistungen des Gehirns und Konzentration: Theoretische Grundlagen und Interventionsprogramme. In: KLAUER, K.J. (Hg.): Kognitives Training. Göttingen

RÖSLER, H.-D. (1980): Zur schulischen Leistungsfähigkeit leicht hirngeschädigter Kinder. In: FRIEDRICH, M.-H. (Hg.): Teilleistungsschwächen und Schule. Bern

RÖSLER, H.-D.; BIECK, H. und TEICHMANN, H. (1976): Zum Problem der Geschlechtsunterschiede in der geistigen Leistungsfähigkeit. Ärztliche Jugendkunde 5, 366–376

RÖSLER, H.-D.; BIELE, H. und LANGE, E. (1988): Diskrepanzen zwischen Schul- und Intelligenzleistungen. Psychologie für die Praxis

ROTH, N.; SCHLOTTKE, P.F. und KLEPEL, H. (1990): Hyperaktive und aufmerksamkeitsgestörte Kinder: Erklärungsansätze, psychophysiologische Korrelate und Behandlungskonzepte. Psychologie, Neurologie, Medizinische Psychologie

SACHSENWEGER, R. und ELSNER-SCHWINTOWSKY, D. (1978): Was siehst du da? Berlin

SACHSENWEGER, R. und SACHSENWEGER, U. (1981): Sehübungen. Leipzig

SAFER, D.J. und ALLEN, R.P. (1976): Hyperactive children – Diagnosis and management. Baltimore

SAILE, H.und GSOTTSCHNEIDER, A. (1995): Hyperaktives Verhalten von Kindern im familiären Kontext. Psychologie in Erziehung und Unterricht, 42, 206–220,

SAILE, H. und KLUESCHE, P. (1994): Zur Therapie hyperaktiver Kinder: Selbstinstruktionstraining und Autogenes Training im Vergleich. Trierer Psychologische Berichte 21, Trier

SAMPSON, J.P. (1986): The Use of Computer-Assisted Instruction in Support of Psychotherapeutic Processes. Computers in Human Behavior, 2, 1–19

SCHARF, G. (1993): Kindern helfen, sich besser zu konzentrieren. In: Grundschulunterricht, 40,19–22

SCHENK, H. (1992): Aggressiv und unaufmerksam – Konflikte in der Grundschule. In: Grundschulmagazin 7, 5–10

SCHIFFLER, L. (1989): Suggestopädie und Superlearning – empirisch geprüft. Frankfurt a. M.

SCHLOTTKE, P.F. (1991): Verhaltens- und Problemanalyse bei Aufmerksamkeitsstörungen im Kindesalter. In: BARCHMANN, H.; KINZE, W. und ROTH, N. (Hg.): Aufmerksamkeit und Konzentration im Kindesalter. Berlin

SCHLOTTKE, P.F. und LAUTH, G.W. (1992): Therapie bei aufmerksamkeitsgestörten Kindern. In: Lehren und Lernen, 18,1–15

SCHMIDT, B. (1991): Klinische Effektivitätsprüfung von Konzentrations- und Entspannungstraining bei jungen Schulkindern. Diss., Universität Leipzig

SCHMIDTCHEN, (1980): Indikation in der Kinderpsychotherapie. In: Klinische Psychologie und Psychotherapie, Bd. 2. Kongreßbericht DGVT und GWG, Tübingen und Köln

SCHUHMANN, U. (1995): Konzentrationstraining im Vorschulalter – eine Möglichkeit zur Verbesserung des Erreichens der allgemeinen Schulreife. Diplomarbeit, Institute für Psychologie. Universität Leipzig

SCHWEIZER, CH. und PREKOP, I. (1991): Was unsere Kinder unruhig macht. Stuttgart

SKINNER, B. F. (1953): Science and human behavior. New York

SPIEL, W. (1977): Neurotische Lernstörungen und ihre Behandlung. In: NISSEN, G. (Hg.): Intelligenz, Lernen und Lernstörungen. Berlin

SPIEL, W. und SPIEL, G. (1987): Kompendium der Kinder- und Jugendpsychiatrie. München

SPIEL, G. und ZSIFFKOVITS, CH. (1991): Zur Diagnostik wahrnehmungsabhängiger Aufmerksamkeitsleistungen. In: BARCHMANN, H.; KINZE, W. und ROTH, N. (Hg.): Aufmerksamkeit und Konzentration im Kindesalter. Berlin

STEINHAUSEN, H.-C. (Hg.) (1982): Das konzentrationsgestörte und hyperaktive Kind. Stuttgart

STEINHAUSEN, H.-C. (1988): Psychische Störungen bei Kindern und Jugendlichen. Lehrbuch der Kinder- und Jugendpsychiatrie. München
SVANSON, J.M. und KLINSBOURNE, M. (1976): Stimulant-related state-dependent learning in hyperactive children. Science 192, 1754–1756.
TEWES, U. (1983): HAWIK-R. Hamburg-Wechsler-Intelligenztest für Kinder. Revision. Bern
TROTT, G.E. (1993): Das hyperkinetische Syndrom und seine medikamentöse Behandlung. Leipzig
WAESSER, S.; ETTRICH, K.U.; BUEHRDEL, P.; BUSTIAN, D.; BUSTIAN, U.; GRAUSTEIN, I. und THEILE, H. (1994): Konzentrationstraining bei phenylketonurischen Kinder. Kindheit und Entwicklung 3, 117–122
WAGNER, I. (1976): Aufmerksamkeitstraining mit impulsiven Kindern. Stuttgart
WAGNER, I. (1981): Therapie-orientierte Diagnostik schulrelevanter Aufmerksamkeit. In: BOMMERT, H. und HOCKEL, M. (Hg.): Therapie-orientierte Diagnostik. Stuttgart, 147–169
WAGNER, I. (1991): Entwicklungspsychologische Grundlagen. In: BARCHMANN, H.; KINZE, W. und ROTH, N. (Hg.): Aufmerksamkeit und Konzentration im Kindesalter. Berlin
WAGNER, I. (1992): Konzentrationstraining bei impulsiven und »trödelnden« Kindern. In: STEINHAUSEN, H.-C. (Hg.): Das konzentrationsgestörte und hyperaktive Kind – Ergebnisse aus Klinik und Forschung. Stuttgart
WAGNER, I. (1994): Aufmerksamkeitsstörungen – Bewältigung und Therapie. In: CZERWENKA, K. (Hg.): Das hyperaktive Kind. Ursachenforschung-Pädagogische Ansätze – Didaktische Konzepte. Weinheim
WAGNER, I. (1996): Die psychologischen Bedingungen von Aufmerksamkeit und Konzentration bei Kindern im Grundschulalter. In: BARTMANN, T. und ULONSKA, H. (Hg.): Kinder in der Grundschule. Anthropologische Grundlagenforschung. Bad Heilbrunn
WAGNER, K.-D. (1977): Störungen der Konzentrationsfähigkeit im Schulalter. Z. ärztl. Fortbildung 61, 921–924
WENDER, P.H. (1971): Minimal Brain Dysfunction in children. Wiley Interscience, New York
WESTHOFF, K. (1991): Das Akku-Modell der Konzentration. In: BARCHMANN, H.; KINZE, W. und ROTH, N. (Hg.): Aufmerksamkeit und Konzentration im Kindesalter. Berlin
WESTHOFF, K. (1993): Zur Übbarkeit konzentrierten Arbeitens. In: KLAUER, J. (Hg.): Kognitives Training. Göttingen
WESTHOFF, K. (1994): Aufmerksamkeit und Konzentration. In: AMELANG, M. (Hg.): Bereiche/Dimensionen individueller Differenzen. Göttingen
WESTHOFF, K. und KLUCK, M.-L. (1984): Ansätze einer Theorie konzentrativer Leistungen. Diagnostica 30, 167–183
WESTHOFF, K.; RÜTTER, C. und BORGGREFE, C. (1990): Hilfen bei Konzentrationsproblemen in den Klassen 5 bis 10. Dortmund

WHO (1975): Internationale Statistische Klassifikation der Krankheiten, Verletzungen und Todesursachen (IKK) der Weltgesundheitsorganisation (WHO), 9. Revision. Berlin

WILLERMANN, L. (1973): Activity level and hyperactivity in twins. Child Development, 44, 288

WINNNECKE, G.; COLLET, W.; KRÄMER, U.; BROCKHAUS, A.; EWERT, T.; KRAUSE, C. (1989): Followup studies in lead exposed children, In: SMITH, M.; GRANT, L.; SORS, A.: Lead exposure and child development: An international Assesment. Dordrecht

WITTCHEN, H.-U.; SASS, H., ZAUDIG, M. und KOEHLER, K. (1987): Diagnostisches und Statistisches Manual Psychischer Störungen, DSM-III-R, Revision. Weinheim

WOHLSCHLÄGER, H. (1988): Schulberatung. In: HORNAL, W. H. (Hg.): Handbuch der Schulberatung. München-Landsberg

ZAMETKIN, A.J.; NORDAHL, T.E.; GROSS, M.; KING, A.C.; SEMPLE, W.E.; RUMSEY, J.; HAMBURGER, S.; COHEN, R.M. (1990): Cerebral glucose metabolism in adults with hyperactivity of childhood onset. National Institute of mental Health, Bethseda, N. Engl. Journal of Medicin, 323, 1361–1366

Entwicklung fördern

Petra Küspert /
Wolfgang Schneider
Hören, lauschen, lernen
Sprachspiele für Kinder im
Vorschulalter - Würzburger Trainingsprogramm zur Vorbereitung
auf den Erwerb der Schriftsprache

Arbeitsbuch
4. Auflage 2003. 57 Seiten, kartoniert. ISBN 3-525-45835-5

Arbeitsmaterial
73 Bildkarten in Faltbox
ISBN 3-525-45840-1

Buch und Box zusammen
ISBN 3-525-45841-X

Ellen Plume /
Wolfgang Schneider
**Hören, lauschen,
lernen 2**
Spiele mit Buchstaben und Lauten
für Kinder im Vorschulalter
Würzburger Buchstaben-Laut-Training

Arbeitsbuch
2003. 32 Seiten mit zahlreichen
Abbildungen, kartoniert
ISBN 3-525-46189-5

Arbeitsmaterial
Box mit Buchstabenkarten, Bild- und
Memory-Karten, Haptischen Buchstabenkarten, Dominokarten und
Buchstabenwürfeln
ISBN 3-525-46190-9

Arbeitsbuch und -material
zusammen
ISBN 3-525-46191-7

Klaus Udo Ettrich
**Entwicklungsdiagnostik
im Vorschulalter**
Grundlagen - Verfahren -
Neuentwicklungen - Screenings

Unter Mitarbeit von Christine Ettrich,
Gisela Friedrich, Marina Metzing und
Ingrid Pudlitz. 2000. 264 Seiten mit
26 Abbildungen und 57 Tabellen,
kartoniert
ISBN 3-525-45857-6

Dieter Hackfort
**Studientext
Entwicklungspsychologie 1**
Theoretisches Bezugssystem,
Funktionsbereiche,
Interventionsmöglichkeiten

Unter Mitarbeit von Hans-Albert
Birkner und Erik Schleiffenbaum.
UTB 2366 M
2002. 263 Seiten mit 14 Abbildungen und 6 Tabellen, kartoniert
ISBN 3-8252-2366-3